# GÉNÉRAL DONOP

# Commandement

## et

# Obéissance

DEUXIÈME ÉDITION

NOUVELLE
LIBRAIRIE NATIONALE
85, RUE DE RENNES, 85
PARIS

# Commandement

et

Obéissance

# GÉNÉRAL DONOP

# Commandement

## et

# Obéissance

DEUXIÈME ÉDITION

NOUVELLE

LIBRAIRIE NATIONALE

85, RUE DE RENNES, 85

PARIS

# Commandement et Obéissance



## I

Le Décret portant règlement sur le service intérieur des troupes qui est en vigueur, débute ainsi :

« *Principes généraux de la subordination.* —
« La discipline faisant la force principale des ar
« mées, il importe que tout supérieur obtienne de
« ses subordonnés une obéissance entière et une
« soumission de tous les instants ; que les ordres
« soient exécutés littéralement, sans hésitation ni
« murmure ; l'autorité qui les donne en est respon
« sable, et la réclamation n'est permise à l'infé
« rieur que lorsqu'il a obéi. »

Le Décret donne, d'autre part, la formule de la
réception des officiers : elle définit, fort exactement,
leurs devoirs et leurs droits, et détermine, fort
exactement aussi, les conditions dans lesquelles

les principes généraux de la subordination doivent être observés.

S'il s'agit de reconnaître le Colonel d'un régiment de cavalerie, par exemple, de lui donner l'investiture de l'autorité dont il doit être revêtu, pour exercer les fonctions de Chef de Corps, la formule est la suivante :

« De par le Président de la République, officiers,
« sous-officiers, brigadiers et cavaliers, vous
« reconnaîtrez pour Colonel du régiment M...,
« et vous lui obéirez en tout ce qu'il vous com-
« mandera pour le bien du service et pour l'exé-
« cution des règlements militaires. »

Ces deux textes figurent dans le règlement depuis 1818.

Il n'en est pas de même des « prescriptions générales » par lesquelles se termine le règlement actuellement en vigueur dont la rédaction, nécessitée par les abus qui avaient été relevés, est de date beaucoup plus récente.

« Les officiers généraux commandant les Corps
« d'armée, les divisions et les brigades assureront
« l'exécution pleine et entière de toutes les pres-
« criptions du présent règlement. Ils veillent à ce
« que chacun conserve l'initiative et la responsa-
« bilité de l'emploi qui lui est confié : à cet effet,

« ils évitent d'intervenir trop fréquemment dans
« l'intérieur des régiments ; leur action doit se
« faire sentir par une direction générale donnée à
« tous les services, et leur surveillance s'exercer
« au moyen des inspections qui leur permettent
« de constater les résultats obtenus.

« Ils doivent s'abstenir de demander aux ré-
« giments des rapports, situations ou états
« dont la production n'est pas prescrite par les
« règlements, et tenir la main à ce que toutes les
« autorités qui sont placées sous leurs ordres se
« conforment strictement à cette prescription. »

Je crois avoir assez donné l'exemple de l'obéissance, et avoir exercé des commandements assez
importants, au cours d'une longue carrière, qui
m'a conduit jusqu'à l'échelon le plus élevé de la
hiérarchie, pour avoir le droit d'examiner si, pré-
sentement, dans l'armée française, le commandement est exercé et l'obéissance observée, selon les
prescriptions du règlement.

Je ne le crois pas.

Je suis, au contraire, convaincu par tout ce que
j'ai pu observer, pendant les quarante sept années
que j'ai passées au service que, sans cesser d'être
attentif, paternel et indulgent, sans être, jamais,
d'une sévérité excessive, et tout en faisant preuve
parfois de faiblesse, le commandement est souvent

inquiet, tatillon, absorbant et personnel, quelquefois sans pondération. Il arrive même,
hélas! depuis quelque temps, qu'il manque de
dignité.

Inquiet : il s'occupe de tout et comprime l'essort
des qualités qu'il devrait susciter, encourager et
développer chez ses inférieurs ; tatillon : il prévoit
tout et règle tout, même les choses qui ne sont
pas de son ressort et qu'il devrait ignorer, et néglige ainsi d'assurer la direction générale qu'il lui
appartient, au contraire, d'imprimer aux services ;
absorbant et personnel : il impose, souvent, l'observation de prescriptions qui lui conviennent
plutôt que celles du règlement qu'elles contredi-
sent sur plus d'un point ; sans pondération : parce
qu'il ne règle pas ses actes sur des principes fixes,
mais agit au jour le jour, suivant les circonstances,
et par le manque de fixité de sa direction et la va-
riation de ses ordres, est une cause de confusion,
de troubles et de doutes, contraires au bien du
service ; sans dignité, parfois : parce que, au lieu
de donner aux inférieurs l'exemple de l'indépendance correcte qui doit le caractériser, il s'oublie,
il s'abaisse même, jusqu'à condescendre à ce qu'il
devrait mépriser.

Je suis convaincu, aussi, que cette manière de
commander qui n'est pas celle de tous les Supérieurs, mais qui n'est pas exceptionnelle non plus,

il s'en faut, a déterminé, peu à peu, à confondre l'obéissance passive et servile, à laquelle on s'est plié, avec l'obéissance, toute différente, que le règlement impose ; l'obéissance entière, à laquelle on doit se soumettre, pour le bien du service et l'exécution des règlements militaires.

En diminuant la part d'initiative et l'importance des attributions, dont les généraux ont le devoir d'assurer la possession à leurs inférieurs, cette façon de commander a porté une grave atteinte aux facultés de raisonnement, de décision, de volonté et de caractère, dont les officiers peuvent avoir à donner la preuve à tous moments. Et ainsi débutant, grandissant et se formant, ou plutôt se déformant, dans un milieu qui ne permet pas le développement de leurs qualités de soldat, toutes spontanées, toutes vibrantes, toutes généreuses et hardies, les officiers sont exposés à rester des inférieurs sans valeur ni personnalité, destinés à n'être, quand ils arriveront aux grades élevés, que des chefs dépourvus des qualités nécessaires pour bien commander.

Ainsi, du haut en bas de l'échelle de la hiérarchie militaire, une interprétation inexacte des prescriptions du règlement — pour ne pas dire une violation formelle de ces prescriptions — acceptée, depuis cinquante ans environ, avec une docilité qui va croissant chaque jour, a souvent faussé les principes de la subordination, et diminué, dans une proportion qui effraie, les qualités de caractère indispensables pour commander, comme un soldat doit commander à des soldats, et indispensables, aussi, pour obéir, comme des soldats doivent obéir à un soldat.

Aussi, un général, membre du Conseil supérieur de la guerre, put-il écrire, dans un rapport qu'il adressait, il y a quelques mois, au Ministre :

« Au cours des inspections, ce qui frappe sur-
« tout, c'est le manque de caractère et de person-
« nalité d'un grand nombre de généraux.

« Si l'autorité les a choisis pour les récompen-
« ser de n'avoir pas eu d'affaires, et dans l'espoir
« de n'en jamais avoir, elle ne s'est pas trompée.
« Ils n'en auront pas. Et pour n'en pas avoir, ils
« pourront faire, comme l'un de ceux que j'ai ins-
« pectés, qui me rendait compte, simplement, que
« pour les éviter, il avait soin de s'absenter, quand
« il prévoyait quelque incident local où il aurait à
« témoigner de son existence ; ou comme un autre
« qui déclare, sur des feuilles de notes, préférer
« à l'officier le plus digne, des officiers moins ca-
« pables et moins anciens, parce qu'ils lui ont
« donné plus de satisfaction !

« Reste à savoir si cette crainte des affaires, qui
« n'est pas autre chose que la crainte des respon-

« sabilités, poussée jusqu'à la fuite ou jusqu'à
« l'injustice, est de nature à imprimer une bonne
« direction à ce qu'on appell·, d'une façon géné-
« rale, les affaires; et si, surtout, ce qui est l'es-
« sentiel, elle prépare les esprits et les cœurs des
« officiers, chargés de commander, à savoir prendre
« les résolutions et assurer les responsabilités, au
« moment d' « une affaire ». La réponse n'est pas
« douteuse. »

Il n'en a pas été toujours ainsi.

Il n'en était pas ainsi, quand le général d'Allonville, commandant la division de cavalerie de
Lunéville, recevant du Ministre une lettre qu'il
trouvait blessante, la renvoyait en écrivant en
marge : « Le général d'Allonville n'a pas l'habi-
« tude de recevoir de leçons de ce genre, et ce
« n'est pas le maréchal Randon qui la lui fera con-
« tracter. »

C'est sous le second Empire, que, comme sous le
premier, l'autorité qui avait rompu avec les traditions nationales, inquiète du lendemain, malgré
des apparences de puissance incontestée, contracta
l'habitude de baser, souvent, la répartition de
l'avancement et la désignation aux hauts emplois,
sur des considérations étrangères au bien du service. C'est à cette grave erreur que l'on doit attri-
buer, pour une grande part, les défaites de 1870.

On aurait pu espérer que le gouvernement de la République ne tomberait pas dans les mêmes erreurs, puisque ceux qui l'établirent les avaient souvent condamnées avec éclat; mais il ne lui a pas été possible de se délivrer de la tyrannie qu'impose, dans une démocratie, à ceux qui détiennent le pouvoir, le parti qui triomphe ; et la conception qu'il s'est faite de son autorité et de son rôle a consisté, peu à peu, à combler ses amis, quels qu'ils fussent, et à frapper ceux qui refusaient de se vendre, quels qu'ils fussent aussi.

Gouvernement de combat, c'est de serviteurs à tout faire qu'il lui faut s'entourer, pour combattre les ennemis qui hantent perpétuellement son imagination ; et pour avoir la claire notion de leur servilité, — qu'on décore du nom de dévouement, — c'est dans les dénonciations des loges qu'il va puiser les motifs de ses préférences.

Quand il s'agit de l'armée, puisque l'armée n'échappe pas à cette loi, il s'en faut, de quoi s'occupent souvent ceux auxquels le pouvoir accorde sa confiance et réserve ses faveurs? De quoi peuvent ils s'occuper?

De ce qu'ils ont pratiqué dans les grades précédents. Ils entrent dans des détails qui ne les regardent pas; ils règlent, fixent, arrêtent et prévoient tout ce qui doit se faire, tout ce qui peut se faire, tout ce qui pourra se faire, et jusqu'à ce qui, selon le jugement de leur prévoyance, pourra survenir, et la façon de s'y prendre, pour résoudre le problème subitement posé. Ainsi, comme je l'ai dit, ils vont jusqu'à supprimer l'exercice des attributions dévolues à leurs subordonnés, qui ne tardent pas à perdre, avec le droit d'exercer, leur faculté d'initiative et jusqu'au goût du service.

Or, à ces prescriptions, changeantes, parce qu'elles sont édictées par des autorités qui se succèdent ; à ces prescriptions, qui sont souvent assez contraires à celles du réglement pour le reléguer, dans un lointain que chaque changement de commandement accroît, et qui en fait perdre, peu à peu, la notion, l'esprit et le but, on n'ajoute d'habitude rien qui vise les points essentiels ; rien sur ce qui devrait être exposé, conseillé, ordonné, ou simplement rappelé ; rien sur ce qui pourrait assurer au service, à l'instruction, à l'emploi des troupes à la guerre et au concours des armes une direction générale.

Cet enseignement, le plus essentiel de leurs devoirs, soit qu'ils ne se sentent pas de dispositions pour le donner, soit qu'ils craignent en le donnant de contrecarrer les opinions que pourraient professer leurs supérieurs, les chefs s'abstiennent le plus souvent de le donner ; ou quand ils s'y résolvent, c'est pour renchérir, sur les idées des supérieurs, avant même parfois d'avoir pu les discerner clairement, au risque de les fausser et de les dénaturer.

C'est à ce mode de formation que se trouve soumis souvent le Corps d'officiers!

A quel général n'est-il pas arrivé d'avoir à rectifier les prescriptions, aussi mauvaises qu'obséquieuses, que des colonels, désireux de plaire, avaient données, parce qu'ils croyaient qu'elles cadraient avec ce qu'on croyait être ses préférences?

Je venais d'être pourvu d'une inspection permanente de cavalerie ; tandis que je m'occupais de mon installation, j'appris que, dans le désir de me plaire ou dans le désir d'avoir la vie tranquille, on procédait, dans deux de mes nouveaux régiments, à un abrutissement méthodique des officiers et des cadres. En quinze jours, on leur avait fait appliquer trois façons différentes de conduire l'avant-garde ; chaque fois dans le but d'opérer ainsi que des gens bien informés prétendaient que je le préférais. J'allai mettre fin à cette torture dégradante et faire comprendre que mes préférences étaient celles du règlement.

Ceci ne fut qu'un incident ; mais que de fois ne se renouvela-t-il pas au cours de ma carrière! Que de fois n'ai-je pas eu à libérer mes braves officiers des prescriptions étroites que des supérieurs, sans caractère, prétendaient leur imposer, au nom d'un désir que j'aurais exprimé, on ne savait où, ou d'un mot que j'aurais prononcé on ignorait quand !

Combien de fois n'ai-je pas saisi des cahiers d'instructions, de recommandations, d'observations et de prescriptions où les colonels avaient réglé tout et le reste, au détriment de l'autorité de leurs officiers?

Combien de fois n'ai-je pas vu des capitaines qui ne répondaient pas à la question que je leur posais et tournaient leurs yeux attristés et suppliants vers leur Colonel, pour lui demander de prendre sur lui ce qu'il avait ordonné ! Pendant ce temps l'assistance souriait, à la dérobée, comme font les gens qui sont délivrés d'un mal qui les oppressait ; car elle sentait qu'un excès de pouvoir allait prendre fin. Le Colonel donnait les raisons de son acte et s'engageait à ne plus le commettre; on passait, car, contrairement à ce que pensent les ministres, agents des ennemis de l'armée, il n'est bon ni d'humilier ni de rabaisser l'autorité.

Que de fois mes officiers d'ordonnance, bien stylés, ne répondirent-ils pas à des camarades, même à des officiers supérieurs, qui les priaient de leur faire connaître comment je désirais qu'on fît telle chose : « Bien. Le Général désire qu'on la fasse bien. »

Eh oui, bien; et elle est toujours bien faite, quand elle est faite selon les prescriptions du règlement, sainement appropriées aux circonstances.

Voilà pourtant à quel degré les exigences d'un commandement peuvent abaisser les esprits!

A qui doit-on s'en prendre, si nos bons officiers contractent des habitudes de servilité, si ils se montrent parfois au dessous de leur tâche, ou si, parfois aussi, ils ne discernent pas bien quel est leur devoir, si ce n'est aux prescriptions de chefs tyranniques et étroits, qui les ont systématiquement diminués?

Toutes ces manies relèvent de la même préoccupation.

On veut avoir « son monde dans la main »; car, pendant toute sa carrière, on entend : « J'ai mon monde dans la main... ». « Tenez votre monde dans la main. » Cela se conjugue. Cela sert d'avertissement, de règle, de conclusion et de jugement aussi. « Rien de tout cela ne lui serait arrivé, s'il avait eu son monde dans la main. »

Toutes les fois que j'ai entendu ce refrain, je me suis toujours représenté ces statues toutes raides d'Empereurs byzantins, un globe dans la main. Ces bons souverains ont l'air assez embarrassés dans cette posture; mais combien l'embarras d'un colonel, qui prétend avoir dans sa main quatre mille hommes, doit-être plus considérable !

Avoir son monde dans la main ! Quelle expression et quelle erreur !

Sont-ce donc des automates dont vous ne pouvez pas régler le mécanisme ; sont-ce des ignorants que vous n'avez pas instruits, dont vous craignez les fautes, ou des révoltés que vous n'avez pu réduire et dont vous redoutez les écarts, vos inférieurs ? Et s'ils sont tels, croyez-vous, que vous en ferez quelque chose, en les paralysant au physique et au moral, en les strangulant ? L'union fait la force, oui : mais la force ne crée pas l'union ; il s'en faut de beaucoup !

Ils ont une âme ; ils ont un cœur ; ils pensent ; ils observent ; ils jugent ; ils ont une volonté ; ils savent prendre des résolutions ; ils savent aussi se dévouer, vos inférieurs. Pour les élever au degré où vous voulez les porter, ces braves gens, qui sont faits à l'image de Dieu et qui sont vos frères, adressez-vous à leurs facultés ; éclairez-les ; instruisez-les ; éveillez leur âme ; échauffez leur cœur ; excitez leurs pensées ; affermissez leur jugement ; suscitez leur volonté ; confirmez leurs résolutions ; encouragez leur dévouement.

Pour y arriver, soyez attentif ; soyez bon ; soyez ferme ; soyez impartial ; soyez dévoué ; partagez leurs travaux et partagez leurs fatigues ; faites-leur en comprendre la nécessité ; vivez avec eux, près d'eux ; ne les ignorez pas ; en tout, donnez l'exemple sans pose, simplement, suscitez leur initiative ; faites-leur voir en tout le but.

Surtout aimez-les ; aimez-les de toutes les forces de votre âme et de votre cœur.

Vous voulez qu'ils vous obéissent et se donnent confiants à vous ; donnez-vous d'abord à eux, dès le premier jour. Vous ne les aurez pas dans la main ; non, mais tous, chef et subordonnés, vous n'aurez plus qu'une seule volonté, une seule passion qui, du même élan, vous mènera tous, en un seul corps, au sacrifice consenti gaiement, au combat et à la victoire.

J'ai eu l'occasion de feuilleter un très gros cahier, où l'on avait consigné la série des instructions données, en vingt-cinq ans, par les généraux qui s'étaient succédé à la tête d'un commandement important, et j'eus à constater, qu'au nombre des plus nettes et des plus instructives, s'en trouvaient deux : l'une arrêtait le détail des mouvements à faire pour porter le clairon à la bouche et pour le reporter le long de la cuisse « avec l'ensemble nécessaire » ; l'autre prescrivait d'habituer les fantassins à marcher dans des flaques d'eau, afin que dans la marche ils ne cherchassent pas à les éviter, ce qui nuisait toujours « à l'ensemble nécessaire ».

Depuis de longues années, le commandement, qui n'est plus toujours recruté parmi les plus dignes, ni même parmi les plus estimés, et qui ne sent pas, au dessus de lui, l'action régulatrice et fécondante d'une autorité supérieure, éclairée, compétente, calme, impartiale et ferme, se désintéresse, chaque jour davantage, de ses devoirs essentiels, de ceux qui devraient le constituer véritablement.

Il s'occupe encore souvent de surveiller l'observation littérale du réglement, ce qui serait bien s'il ne mêlait pas à son zèle de surveillant le souci d'imposer ses fantaisies et ses procédés ; mais si cette surveillance, bonne en soi, était moins étroite, ce serait peut-être pourtant sans grand dommage, car les inférieurs ont une conscience qu'il suffit d'éveiller quand elle sommeille ; et ils n'ont généralement pas à être rappelés à leurs devoirs, quand ils se sentent bien commandés. Ou bien le commandement modifie la répartition des attributions des grades différents ; et cela est mauvais, parce qu'il augmente, outre mesure, la part de celles qu'il se réserve, restreint l'étendue de celles qu'il concède et diminue, de toutes façons, l'intensité de la vie qu'il devrait assurer à tous les échelons.

Le plus souvent, il néglige d'imprimer une direction générale aux différents services, et laisse, ainsi, la confusion gagner les esprits qu'il n'a pas orientés.

C'est là l'oubli le plus grave que le commandement puisse commettre ; car l'union de toutes les volontés, qui peut seule assurer l'action concordante et réfléchie des forces, qui procure le succès, et faute de laquelle, tout est voué au caprice, au désordre et à la défaite, résulte directement de l'unité de doctrine.

Mais l'unité de doctrine ne peut être communiquée que par des officiers qu'une étude attentive des règlements et de longues réflexions sur les conditions de la guerre, qu'une fermeté de caractère égale à la hauteur des vues, qu'un zèle ardent pour les devoirs et un amour plus grand pour les inférieurs ont élevés au rôle d'éducateurs, ont sacrés chefs.

Leur nombre est rare, hélas !

L'autorité la plus considérable de toutes celles que nous avons eues depuis la guerre, le général Saussier, qui a exercé de grands commandements, puis le commandement suprême, pendant de longues années, avec une jalousie qui ne s'est jamais relâchée ; qui a dirigé des grandes manœuvres où tout était réglé ; qui avait le devoir de préparer à la guerre les lieutenants qui devaient le seconder dans sa lourde tâche, qu'a-t-il laissé ? Quelle règle à observer à la guerre ilta--

donnée? Quel principe fondamental, ou même de détail, a-t-il rappelé? Quel conseil, même, simplement, a-t-il formulé? Rien!

Du long exercice de ce commandement qui fut indiscuté, nul souvenir ne subsiste, si ce n'est qu'il était bon de plaire au grand Chef, et surtout, dangereux de ne pas être compté au nombre de ses très humbles serviteurs.

Et comme il parut, sans doute, qu'on ne pouvait mieux faire que de l'imiter, le général, qui après lui exerça le même commandement, pendant six années, et multiplia le nombre des manœuvres qu'il dirigea et des inspections qu'il poursuivit, alertant toutes les troupes, du Nord au Sud ou de l'Est à l'Ouest, n'a laissé que le souvenir d'une activité inlassable et d'une santé incomparable.

Les ministres eux-mêmes, les chefs de l'armée, du temps, déjà lointain, où nous en avions qui connaissaient les questions militaires et en avaient le souci, et qui auraient dû, avant toutes choses, se préoccuper de la formation morale et doctrinale du corps d'officiers, n'ont pas laissé, dans la masse confuse de tout ce qu'ils ont produit, cinq documents, peut être, où ils aient traité des sujets qui auraient dû, pourtant, préoccuper, plus que tout autre sujet, leur esprit de chef responsable, devant le pays et devant l'histoire, de la préparation de l'armée nationale.


J'ai servi sous les ordres de dix Colonels, de treize généraux de division, et sous ceux de huit Commandants de Corps d'armée, et je suis forcé d'avouer que, de toutes ces autorités, je n'ai tiré, comme enseignement, que le souvenir de quelques pratiques de métier sans importance.

A vrai dire, dans tout le cours de ma carrière, je n'ai rencontré que trois chefs qui aient été pour moi des éducateurs. Ce sont le Général Lallemand, le Général de Galliffet et le Général de Lignères ; la reconnaissance que je leur conserve, pour tout ce que je leur dois, n'a d'égal que le regret que me fait éprouver le souvenir des années dont j'ai tiré si peu de profit, près de tant d'autres, qui, en vérité, auraient dû m'apprendre aussi quelque chose.


Mais il y a le règlement, dit-on ; tout est là. Il n'y a pas à chercher au delà !

C'est l'erreur commune. Mais non, les règlements, on peut m'en croire, je les ai assez observés et je les ai fait assez observer pour en parler ; les règlements rappellent les principes généraux, fixent les quelques règles ou procédés qui doivent être suivis, signalent ce qu'il ne faut pas faire.

Or, tout cet ensemble de prescriptions, quel que considérable qu'il soit, ne suffit pas pour assurer la formation complète d'un officier.

On.parle d'initiative ; on prétend qu'au moment du danger les qualités de notre esprit national s'affirmeraient, tout à coup, et que des résolutions, heureuses et hardies, surgiraient de toutes parts.

Quelle illusion ! Il n'y a pas de génération spontanée : on ne fait pas toujours bien ce qu'on a appris, mais on ne fait bien que ce qu'on a appris à moins d'être un génie ; tout de même qu'on ne peut pas compter sur le fonctionnement d'un organe.qu'on a négligé d'exercer. C'est folie de croire que des officiers qui ont été, au cours de leur carrière, dépossédés de tout ce qui aurait pu susciter, entretenir et développer leurs facultés d'initiative se montreront aptes à prendre des résolutions, hardies et justifiées, dans des circonstances difficiles, peut-être critiques, qui surgiront tout à coup devant eux.

On ne peut pas, je le répète, compter sur la faculté, sur l'organe de l'initiative dans les moments difficiles, si l'habitude et le fonctionnement de cette initiative n'a pas, peu à peu, dans les temps ordinaires, créé le sentiment viril de la responsabilité que la tyrannie haineuse des politiciens proscrit et condamne et que les ministres, leurs serviteurs, détruisent.

On a vanté, avec raison, l'initiative dont les Allemands ont donné à la guerre des preuves nombreuses et souvent éclatantes; et on les a opposées, avec raison aussi, aux douloureuses preuves d'inertie, dont un grand nombre de nos chefs donnèrent, au contraire, le triste spectacle.

Mais ceux qui ont conclu, logiquement, que ces inerties résultaient des habitudes de sujétion étroite dans lesquelles nos Chefs avaient grandi et s'étaient formés, sans acquérir la qualité essentielle du commandement, tandis que l'indépendance relative, dans laquelle avaient grandi et s'étaient formés les généraux Allemands les avait préparés, merveilleusement, à l'exercice le plus hardi du commandement, n'ont pas tout dit.

Ce n'est pas seulement l'habitude de supporter le poids de la responsabilité qui incombe, en fait, à chaque grade, dans une armée bien constituée et qui va augmentant, à chaque grade, qui a seule procuré aux initiatives des Allemands le succès qui les a couronnées; car, sans ce qui les a rendues légitimes et fécondes, ces initiatives auraient pu tout aussi bien être injustifiées et fatales. Elles n'ont eu des conséquences heureuses que parce qu'elles ont été informées, éclairées, suscitées, dictées, presque, par un enseignement préalable, distribué dès les débuts, à tous les degrés de la hiérarchie, par l'unité de doctrine.

Les officiers doivent être préparés à prendre les initiatives qui sont de leur domaine, et, pour cela, habitués à supporter le poids de la responsabilité qui leur incombe, oui ; mais, seule, la possession d'une doctrine unique permet d'escompter les bénéfices des résolutions qu'ils auront à prendre.

Sans unité de doctrine, au contraire, les résolutions, même les plus sensées, peuvent ne produire que la confusion et le désordre.

En vérité, c'est la tour de Babel que nous nous efforçons d'élever en France, quand nous dépensons nos efforts en tous sens, tandis que nous sommes divisés sur les points fondamentaux de notre science.

L'Ecole supérieure de la guerre devait, disait-on, créer cette unité de doctrine. Mais une doctrine ne se crée pas par l'action d'un organe, qui, tout considérable qu'il soit, n'en est pas moins un organe dépendant. La science ne remonte pas des inférieurs aux supérieurs. Les chefs peuvent négliger d'enseigner sans qu'il en résulte que des officiers, qui ne sont pas les chefs, aient le droit de prétendre instruire, ni enseigner à la place des chefs.

La lumière, toutes les lumières, viennent d'en

haut, de ces régions supérieures qu'on appelle éclairées, parce que c'est d'elles que descend ce qui éclaire tous les hommes en ce monde. Or une école qui ne siège pas dans la région la plus élevée, qui reçoit la vie, au lieu de la posséder en propre, ne peut pas créer la vie. Elle peut seulement entretenir, régulariser et développer la vie qui aura été communiquée ; et cela est déjà une lourde tâche.

C'est de l'autorité suprême, du chef de l'armée, assisté du chef d'état-major et du Conseil supérieur de l'armée, que cet enseignement devrait venir. Mais que peut-on attendre de ministres, qui ne savent pas et qui pensent avoir des devoirs tout autres à remplir; d'un Chef d'état-major, émanation, sans personnalité et sans autre autorité que celle que lui confère l'homme politique dont il dépend, et d'un Conseil qu'on ne réunit ni ne consulte !

Qu'est-ce donc que l'unité de doctrine ?

Le récit d'une anecdote fera connaître ce que j'en pense.

J'étais à la tête de la 5ᵉ division de cavalerie quand je reçus un commandement éventuel important. Quelque temps après, effrayé des lacunes que présentaient les dispositions que l'étude du dossier, qui m'avait été remis, m'avait révélées, je me rendis à Paris pour faire part de mes craintes au général Jamont, alors commandant en chef. Le général me rassura, en me disant qu'investi de sa confiance il m'autorisait à tout régler comme je l'entendrais.

De retour à ma résidence je donnais mes ordres à mon chef d'état-major pour modifier ce que je croyais insuffisant ou mauvais, quand un officier supérieur, qui avait servi plusieurs années avec moi, et qui avait eu l'occasion de connaître le dossier en question, vint, en passant, me rendre visite. Je le priai, aussitôt, de nous dire ce qu'il pensait des dispositions prévues dans le dossier, et comment, selon lui, il conviendrait de régler les choses.

A l'étonnement profond de mon chef d'état-major, le commandant répéta, presque textuellement, tout ce que je venais d'ordonner. « Ah ! mon général, vous m'aviez parlé d'unité de doctrine ! La voilà ! Je vois ce que c'est.

« Vous avez raison ; si, le commandant et moi, nous la possédons, c'est que nous avons travaillé de concert plusieurs années, et que nous nous comprenons. Même séparés, en présence de circonstances que nous n'aurions pas prévues, nous prendrions des mesures qui assureraient le concours de nos forces. Nous avons le même catéchisme, la même foi ; nous pratiquons le même culte. Si nous continuons ce que nous avons entrepris, il en sera ainsi dans toute la division. »

Cette unité de doctrine, l'armée allemande la doit à l'action persévérante de son haut commandement, qui en a trouvé les principes fondamentaux dans l'étude des guerres de l'Empire.

Plus avisés, plus studieux, plus méthodiques que nous, les Allemands ont su tirer de l'étude de ces guerres où ils ont été si souvent battus, des enseignements qui leur ont permis de nous battre à leur tour; tandis que nous, dans ces grands drames, nous n'avons, jusqu'à ces dernières années, trouvé que des motifs de fierté, d'orgueil et de confiance théâtrale.

Ils ont compris le capitaine qu'était Napoléon; nous, nous avons chanté sa gloire, nous avons cru nous en revêtir, sans chercher à en discerner les causes.

L'étude que les Allemands ont menée à bien offrait cependant des difficultés.

Napoléon, en effet n'a pas, en dix-neuf années de guerres, fait de ses généraux, à l'exception de deux ou trois, des collaborateurs qui fussent pénétrés des principes qu'il appliquait et qu'il leur faisait appliquer. Fait plus singulier encore, à l'exception de deux ou trois de ces lieutenants qui contribuèrent tant à sa gloire quand ils combattaient près de lui, tous se montrèrent inférieurs à leur tâche, quand ils combattaient loin de lui.

On a imputé à la jalousie réciproque des généraux, et à d'autres sentiments forts laids, la cause principale de nos revers en Espagne. Je ne veux pas nier que le défaut d'entente, la mésintelligence, la jalousie, l'indiscipline même, qui divisaient souvent nos généraux n'aient eu, parfois, de graves conséquences ; mais j'ai la conviction, basée sur l'étude, que c'est surtout à l'insuffisance professionnelle, parfois fort grande, de nos généraux, à leur manque de prévoyance et à la légèreté de leurs conceptions, que doivent être imputés, pour la plus grande part, les revers que nos admirables troupes d'Espagne ont si souvent éprouvés.

Et ce ne fut pas, du reste, seulement devant Wellington, que la victoire de Waterloo a sacré grand homme, que les lieutenants de l'Empereur furent malheureux : Ney, Macdonald, Oudinot, pour ne citer que les plus considérables, ne furent ni bien avisés, ni habiles, ni heureux, en Allemagne en 1813.

On peut même dire que le drame magnifique, dont ils avaient été les acteurs glorieux, laissa peu de traces dans l'esprit de ces guerriers si grands cependant.


Il me faut justifier cette conclusion qui peut paraître singulièrement irrévérencieuse

On a l'habitude de représenter les règlements qui furent rédigés sous la Restauration et sous la monarchie de Juillet, comme des monuments que les glorieux survivants des grandes guerres, dépositaires des principes de l'Empereur, avaient légués à notre admiration et à notre respect. En changer un mot, en discuter une prescription, c'eût été commettre un acte téméraire, faire injure à ces grands soldats, et presque au dieu de la guerre.

Or, si l'on se reporte au règlement de 1829, sur les exercices de la cavalerie, par exemple, on constate qu'il n'est dû à la collaboration d'aucune notabilité; qu'il est inférieur à celui de l'an XIII, qui l'avait précédé et qui reproduisait en partie celui de 1788, et qu'il est même fort éloigné de tenir les promesses que permettait de concevoir un règlement beaucoup plus ancien, et antérieur aux grandes guerres, celui de 1766.

Et nous savons, du reste, qu'il paralysa, ankylosa, atrophia et stupéfia d'un sommeil de plomb la cavalerie française, jusqu'en 1876, où le général du Barail et le général l'Hotte la firent surgir du tombeau où elle paraissait endormie pour toujours. Certes, ni Kellermann, ni Montbrun, ni Espagne, ni Richepanse, ni Lassalle, ni Murat, ni aucun des cavaliers de l'Epopée, ne connurent jamais aucune des chinoiseries de ce règlement de malheur, qui fut imposé pendant trente-sept ans à la cavalerie, au nom du respect dû aux glorieux survivants des grandes guerres.

Et le règlement de 1832, sur le service en campagne ! Celui-là, plus considérable, fut aussi plus résistant ; car s'il reçut quelques assauts en 1883, il ne fut vraiment modifié qu'en 1895. Il était considéré comme l'expression la plus exacte de la pensée militaire et des méthodes napoléoniennes, tandis qu'il n'était, même dans les parties essentielles, que la reproduction des projets rédigés, de de 1813 à 1828, par le général de Préval, d'après les règlements de 1809, de 1792, et aussi de 1788.

Le règlement débutait en disant, comme en 1788, que la division était la base de la formation des armées ; que l'armée se divisait en ailes et en centre, comme à Fontenoy ou à Denain ; tandis que, pendant douze années de guerre, nous avions combattu par corps d'armée et que, jamais, le mot d'aile ni de centre n'avait alors été prononcé.

Il parlait de partis comme de choses, toutes spéciales, qui devaient être confiées à des corps singuliers, décorés du titre de partisans, comme au temps où, ce qu'on appelait la cavalerie, n'avait pas à pratiquer ce que pratiqua toute la cavalerie, au cours des grandes guerres.

C'est donc à tort qu'on invoquait l'expérience

du passé, pour commander le respect que nous devions à ces règlements.

En fait, si les campagnes immortelles de l'Empire avaient laissé des souvenirs, elles avaient laissé fort peu d'enseignements ; surtout, elles n'avaient laissé aucune doctrine.

Pour comprendre comment un pareil phénomène a pu se produire, il faut se reporter au mode de commandement de l'Empereur.

Rarement les génies sont éducateurs. Les grands exécutants professent mal ; tandis qu'il arrive souvent que des exécutants, d'une habileté moindre, sont d'excellents instructeurs. Cela tient à ce que, moins bien doués que les grands artistes, ils ont connu des difficultés que ceux-ci ont toujours ignorées ; ils se souviennent des efforts qu'ils ont dû faire pour les vaincre, et ils distribuent à leurs élèves le trésor de leur expérience.

Tout était réflexe chez l'homme de guerre qu'était Napoléon ; il ne pouvait pas venir à son esprit qu'il fût nécessaire d'expliquer sa pensée plus que le fonctionnement de ses yeux ou de ses oreilles. Ce n'est pas seulement pour nous racheter que le fils de Dieu s'est fait homme ; en se faisant notre semblable, il est venu parler à l'humanité un langage humain de la divinité. Il nous l'a fait comprendre, admirer, révérer, adorer ; il nous en a pénétrés et par son enseignement, que nous pouvons comprendre, et par ses sacrements qui parlent aussi à notre intelligence.

Mais le génie humain ne descend pas jusqu'à l'homme. L'Empereur ne s'avisait jamais de faire comprendre à ses lieutenants, sur quels calculs ni sur quelle méthode, il basait ses plans ; il leur envoyait des ordres et, quand il était présent, il en surveillait l'exécution jusque dans des détails qui ne le regardaient pas.

C'est ce mode de commandement qui s'opposa au développement de ses collaborateurs et qui fit, des généraux les plus considérables, de simples exécutants, parfois tout à fait ignorants de la portée de l'ordre reçu, et surtout de sa valeur relative ; s'y conformant avec vigueur, tant qu'ils avaient confiance en l'étoile du maître, mais incapables d'y apporter aucune modification que les circonstances auraient exigée pour la pleine réussite.

Cela, ils ne le pouvaient pas, puisque s'ils avaient reçu la lettre de l'ordre, l'esprit de l'ordre ne leur avait pas été communiqué ; ils ne le pouvaient pas, non plus, puisqu'ils ignoraient la méthode qui avait dicté les ordres.

L'Empereur ordonnait ; on obéissait.

Mais on obéissait de cette obéissance passive, qui, faute d'être informée, peut être plus fatale que la désobéissance, puisque dans l'ignorance où des ordres formels et impératifs, prévoyant tout, laissent cependant l'exécutant sur leur portée et sur leurs relations avec la situation générale, l'exécutant, sans doctrine et sans méthode, avec la meilleure volonté du monde, peut, en obéissant, être conduit à prendre les résolutions les plus mauvaises.

Et c'est ainsi que ces soldats si glorieux, si grands, si héroïques, si admirables, furent souvent des capitaines de peu de valeur, qui, loin du chef, réduits à leurs propres moyens, furent souvent battus par des adversaires, qui ne possédaient pas leurs brillantes qualités.

Et plus tard quand ils furent mis en demeure de communiquer à une génération, avide de marcher sur leurs traces glorieuses, les enseignements qu'ils avaient reçus, ils ne nous laissèrent, en somme, que des règlements imprégnés de vieilleries que jamais le grand Empereur ne leur avait fait pratiquer.

Et hélas ! ce sont ces vieilleries qu'on a imposées à notre respect; ce sont ces vieilleries que nous avons pratiquées, durant la campagne d'Italie et au cours de la dernière guerre !

Les survivants de la grande époque ne firent pas que nous laisser des règlements d'apparence napoléonienne, où Napoléon ne figurait pas; ils appliquèrent, dans ce qu'elles avaient de mauvais, les méthodes de commandement auxquelles ils avaient été habitués, rompus pour mieux dire.

Du haut en bas de l'échelle hiérarchique, sans avoir rien de Napoléon, on fit ce que Napoléon avait eu le tort de faire; on commanda sans songer à la nécessité de faire comprendre l'ordre donné. Cela était inutile puisque l'on était assuré de rencontrer, chez celui auquel l'ordre était donné, une obéissance passive ; on commanda, sans s'inquiéter toujours des prescriptions du règlement, dont on s'habitua à faire peu de cas ; cela aussi était sans danger puisqu'on devait être toujours strictement obéi.

Et d'échelon en échelon, les ordres furent transmis ; impératifs dans tout ce qu'ils prescrivaient, au futur aussi bien qu'au présent, et nuls, faute de clef qui les fît comprendre, dans ce qu'ils ne prévoyaient pas. La pratique cependant, la nécessité de les appliquer forçaient, dans chaque échelon pour aussi soumis qu'ils fussent, à une application qui, parfois, obligeait à en modifier quelques dispositions, d'autant plus, qu'à chaque échelon, on se savait assuré de l'obéissance des inférieurs.

De la sorte, il n'est pas exagéré de dire que, s'il y a peu d'armées où l'autorité donne plus d'ordres, s'il y en a peu où elle prétende tout pré-

voir et tout régler, il en est peu, aussi, où elle soit,
en fait, moins obéie.

Et, je le répète, cela est naturel, logique, certain, fatal, car, aucune autorité humaine ne pouvant, surtout à la guerre, tout prévoir, ni donner,
en tout, la solution à adopter ; aucune ne pouvant
prétendre commander, sans faire comprendre
l'ordre qu'elle donne, l'inférieur doit être admis
à compléter, et même à modifier, l'ordre qu'il a
reçu, ce qu'il ne peut pas faire sans grand danger,
sans risquer de bouleverser les projets et les
combinaisons du supérieur, s'il n'a pas été avisé
des raisons, des vues et de la portée qui caractéri-
sent l'ordre reçu, et s'il n'a pas été, aussi, formé
préalablement, par un long enseignement, à la
doctrine, dont la possession lui permettra de
prendre, le cas échéant, la solution convenable ;
celle qui répond aux circonstances peut-être toutes
différentes de celles que le supérieur avait en-
visagées, et qui s'adapte, cependant, à l'esprit de
l'ordre qui a été donné.

L'ordre formel, l'ordre sans phrases, sans ex-
plication, qui exige l'obéissance muette, passive,
conduit aux erreurs et aux désastres.

Je n'exagère rien en disant cela, et pour peu
qu'on y réfléchisse un instant, on en conviendra ;
car peut-on admettre qu'on écarte et proscrive

des actes de la guerre, qui mettent en jeu et à l'épreuve les facultés les plus nobles de l'homme, dans les circonstances les plus difficiles et les plus tragiques, la pensée, l'âme humaine dans la plénitude de toute la puissance que Dieu, le Dieu des armées, lui a concédée pour la défense et le triomphe des nobles causes!

Le maréchal Bugeaud, grand éducateur, que mon maître, le général Lallemand, lisaitsans cesse, terminait une de ses instructions,en énumérant les principes absolus à la guerre: « Il ne faut jamais combattre sans but. Quand on a un but, il faut un plan. Ce plan au moment de l'exécution doit être connu de tous... » C'est le principe que Dragomiroff, un autre grand éducateur, qui dut beaucoup à Bugeaud, exprimait aussi, quand il disait que le soldat devait connaître sa manœuvre.

Combien ces vérités sont souvent méconnues!

J'assistais un jour à une manœuvre; l'un des partis, un régiment maintenu sur la défensive, était menacé sur plusieurs points. J'étais près d'un des bataillonsdu parti assaillant, quelque peu détaché du gros. J'interrogeai le chef de bataillon sur les intentions de son colonel, sur les ordres qu'il en avait reçus, sur ce qu'il savait de l'action du gros, sur la manœuvre en somme. Sur tous les points, le chef de bataillon, officier distingué, ne savait rien, si ce n'est qu'il allait à l'ennemi. Mais comment y allait-il ? Seul ? Soutenu ? Il ne s'en inquiétait pas.

Je courus rejoindre le gros que le colonel commandait. Avant d'atteindre la tête où je comptais trouver le colonel et me renseigner, j'entends la charge qu'on battait en tête, et je vois la colonne qui presse le pas. J'interroge les capitaines que je dépasse. Que font-ils ? Quels ordres ont-ils reçus ? Où vont-ils ? Rien ; ils ne savent rien ! Et c'est ainsi que, de toutes parts, ce régiment allait à l'ennemi, sans que son chef, officier de valeur, eût communiqué sa pensée à personne !

Peut-on faire la guerre ainsi ?

Habitués à ne pouvoir jamais manifester qu'une obéissance passive et, peu à peu, à ne plus penser même à ce qu'il conviendrait de faire, puisque leurs chefs pensent pour eux, règlent leur besogne par le menu, et font tout ce qu'il appartiendrait aux inférieurs de faire ; puisqu'ils leur interdisent de songer à quoi que ce soit et effacent dans leur esprit jusqu'au souvenir des prescriptions réglementaires, les officiers sont exposés à devenir peu à peu impropres à la guerre, à perdre le sentiment de leur responsabilité et même celui de leur devoir, si ce n'est de leur honneur !

Voilà une conclusion qui peut paraître trop sévère et un mot presque injurieux. Il faut me justifier de les avoir prononcés.

Le désastre le plus triste, la catastrophe la plus épouvantable de notre histoire, celle dont les conséquences pèsent sur nous d'un poids qui nous écrasera peut-être, car il nous a fait perdre, avec des provinces entières, sans doute pour toujours, la situation que la France avait dans le monde ; la capitulation de l'armée de Metz peut et doit être imputée à l'abaissement de caractère que la pratique de l'obéissance passive, consentie, jusque dans les plus hauts grades, à un commandement que le bien du service n'éclairait pas, a mise en évidence.

Dès que le maréchal Bazaine eût été débarrassé de la présence de l'Empereur, il donna libre carrière aux tendances de l'esprit tortueux qu'il avait manifestées, à ses débuts en Algérie sur un théâtre restreint, et au Mexique sur un théâtre autrement grand et plus tragique aussi ; et, tout aussitôt, il tint une conduite, dont la singularité aurait dû éveiller l'attention des grands chefs de l'armée, qui étaient tous au courant du peu de valeur morale du personnage que les passions politiques avaient fait placer à leur tête.

C'est la bataille du 16 août, Rezonville, qu'il parvient à perdre, malgré une supériorité de forces écrasantes, préoccupé qu'il prétend être de voir sa gauche coupée de Metz, qu'il doit cependant vouloir quitter, puisqu'il combat pour s'en éloigner. Absorbé par la mise en batterie de quelques pièces, il ignore tout ce qui se passe à sa droite victorieuse où le manque de commandement de décision et d'initiative laisse échapper la victoire.

C'est, le 17, l'immobilité et la retraite vers Metz, devant un ennemi qui ne bouge pas.

C'est la bataille du 18, Saint-Privat, lutte héroïque à laquelle il reste étranger ; jouant au billard dans un fort ; laissant à ses lieutenants le soin d'exécuter les ordres qu'il a donnés et qui les font reculer, jusque sous les murs de Metz.

C'est la tentative de sortie du 31 août, 1ᵉʳ septembre, Servigny, tentative énigmatique qu'il s'abstient encore de diriger et qu'il exécute, du côté qui n'est pas le bon, comme disent les soldats, puisqu'il est opposé à celui par où devait arriver le maréchal de Mac-Mahon, pour le dégager.

Enfin c'est le blocus ; le blocus que coupent les vigoureux combats de Peltre et de Ladonchamp ; le blocus long de deux mois !

Les vivres diminuent, on se rationne ; les fourrages font défaut, les chevaux maigrissent et perdent leurs forces ; et le bétail manque ; on mange les chevaux ; on n'a plus de cavalerie, fort peu d'artillerie ; les munitions deviennent insuffisantes.

Et chaque jour, pendant deux mois, deux longs mois, c'est l'agonie régulière, croissante, fatale, progressive, de la dernière armée de la France, qui se poursuit, jusqu'au jour du dénouement tragique, dont chaque jour, chaque heure, rapproche ces soldats valeureux et désarmés!

Pendant ce temps que faisaient les grands chefs, qui bientôt ne devaient plus commander qu'à des ombres; le maréchal Lebœuf qui, quelques jours avant, était ministre de la guerre ; le maréchal Canrobert, le doyen, soldat d'Afrique, de Crimée et d'Italie, héros de Saint-Privat? Ils assistaient, muets à la consomption de leurs propres forces. Bientôt il ne leur resterait plus qu'à implorer la pitié d'un ennemi qui ne les avait pas vaincus ; mais l'observation des sentiments hiérarchiques leur commandait une obéissance silencieuse et passive, tandis que le maréchal Bazaine, l'artisan unique de cette lente destruction, restait impassible, dans un repos que personne ne s'avisait de troubler.

Car, non, l'histoire ne le croira pas, il ne vint à l'idée d'aucun de ces chefs, qui n'avaient jamais connu la peur cependant, d'aller demander au maréchal ce que visaient ses projets, ce qu'il attendait pour agir, tandis que chaque jour diminuait ses forces ; ce qu'il comptait faire de l'honneur de ses troupes, de l'honneur et du salut de la France!

Cela eût, paraît-il, manqué de correction ; cela

eût été contraire au dogme de l'obéissance dont ils croyaient donner l'exemple, de l'obéissance poussée jusqu'à l'héroïsme, ou plutôt jusqu'à la servilité! Tous se turent, jusqu'au jour où le maréchal les convoqua, pour leur annoncer qu'il fallait capituler et donna l'ordre à l'un d'eux d'aller discuter, avec l'ennemi, les conditions de la capitulation, son œuvre!

Je ne sais pas si jamais l'histoire enregistrera un pareil phénomène; mais ce que je sais c'est que celui-là suffit, pour faire condamner et pour faire maudire ce que l'abaissement du caractère appelle, improprement, du beau mot d'obéissance!

Oh! non ce n'est pas la belle vertu d'obéissance, qui peut conduire à des catastrophes semblables où sombre la grandeur d'un pays!

Que penserait-on de parents qui assisteraient, pendant deux mois, à la lente agonie de ce qu'ils ont de plus cher, sans requérir aucun secours sous le prétexte que le malade n'en demande pas? Que penserait-on de magistrats qui regarderaient, sans bouger, un incendie consumer leur ville, pendant deux mois, sous le prétexte que le secours des pompiers n'a pas été réclamé par qui de droit?

Ce n'est ni la droiture de caractère, ni le sentiment de l'abnégation, ni l'esprit de sacrifice qui conduisent à cette obéissance inerte et vraiment coupable. C'est l'abaissement du caractère; c'est la peur des responsabilités; c'est la crainte des initiatives; c'est parfois aussi un sentiment plus bas, qui pousse à laisser à autrui l'odieux de commettre une faute, même un crime, qu'on sait pouvoir achever et compléter, sans risque aucun pour sa propre mémoire.

Et dans le volumineux factum qu'il rédigea, à Madrid, mélange d'inconscience, de duplicité, d'ignorance et de haine, l'ex-maréchal se plaint du manque de discipline et d'obéissance de ses lieutenants! On rirait, si on l'osait!

Mais tout cela dirait-on remonte à l'époque de la pourriture impériale et notre armée nationale est, pour toujours, à l'abri de semblables hontes!

Cela a pu être, en effet, mais cela n'est plus. Oui, il est vrai, qu'instruite par nos malheurs l'armée avait été transformée par un souffle vivifiant; jusqu'au jour où l'Affaire a déchaîné sur elle sa détestable action, elle a travaillé, active, ardente, dévouée, passionnée, ayant au cœur la foi dans son œuvre, l'espérance dans son avenir, l'amour de la Patrie. Conduite par des chefs, généralement bien choisis, qu'elle estimait, elle allait, sans crainte de compter dans ses rangs, ni traître, ni délateur; et chaque année des progrès constants récompensaient les efforts de ces braves soldats que la Patrie aimait, honorait et acclamait.

On savait ce qu'on pouvait commander à des gens d'honneur, et on savait aussi l'obéissance qu'on devait à des chefs dignes d'estime et de confiance.

En est-il de même, aujourd'hui qu'un souffle désséchant, destructeur et mortel, a secoué et ébranlé, et menace tout l'édifice?

Maintenant qu'on a vu, et qu'on voit, à la tête de l'armée, ceux que je ne veux pas nommer. Maintenant, qu'on voit à la tête de hauts commandements des officiers qu'on ne peut saluer; qu'on voit, dans les rangs, des condamnés ; qu'on voit l'avancement que règle la délation accordé à ceux qui n'en sont pas dignes et refusé à ceux qui le méritent; qu'on voit renverser les institutions qui sauvegardent la discipline; qu'on voit encourager toutes les faiblesses et récompenser les cambrioleurs les plus résolus ou les juges les plus serviles; qu'on voit corrompre le cœur des soldats, en y excitant au lieu de l'esprit de sacrifice, la religion de la mutualité, au lieu de l'amour du métier, le dégoût qu'amènent les idées pacifistes et la pratique, dans la caserne, des occupations de la profession civile; que sous leurs yeux, enfin, on frappe sans justice, à tort et à travers, les officiers qui les commandent?

Humiliée, inquiète, divisée, troublée dans ses

croyances, détournée de ses devoirs essentiels, soumise à des chefs qui n'ont pas tous son estime ni tous sa confiance, l'armée que notre gouvernement a abaissée et s'efforce de faire à son image, risque de ne plus être capable de remplir les tâches que la Patrie lui confierait.

Elle est, dès maintenant, au-dessous de cette armée, si valeureuse pourtant, que des doctrines fausses ont perdue à Metz ; elle est, surtout, fort au-dessous de la belle et forte et jeune armée, que vingt-cinq années de travail et de dévouement au bien et à l'honneur avaient donnée à la France.

Désormais, par le fait de l'action gouvernementale, elle est exposée, préparée, chaque jour davantage, à subir les calamités que peuvent déchaîner sur elle la perversion de l'exercice du commandement de chefs, d'un savoir souvent insuffisant, et parfois même sans dignité, et la perversion du beau sentiment de l'obéissance chez les inférieurs, souvent dénués de caractère, d'initiative, de volonté et que possède et qu'aveugle le désir de parvenir.

Si, dans de pareilles conditions, qu'un gouvernement fort, honnête et français modifierait promptement, l'armée court le risque de ne pouvoir pas affronter, avec succès, les périls de la guerre ;

soupçonnée, calomniée, insultée, poursuivie, frappée, torturée comme elle est par la haine infatigable des Jacobins et de leurs alliés, est-elle capable de sauvegarder la paix publique?

Servile instrument des folies criminelles d'un pouvoir sans honneur, est-elle encore l'armée de l'ordre, l'ancre de salut, sur laquelle la Patrie croit pouvoir compter toujours?

C'est ce qu'il convient d'examiner.

## II

Au fond, pour le savoir, c'est l'obéissance qu'il faut définir.

Qu'est-ce que l'obéissance? Dans quelles conditions le commandement doit-il s'exercer, pour être en droit d'exiger l'obéissance; que peut-il exiger? Où son autorité cesse-t-elle? A quoi l'inférieur a-t-il le devoir d'obéir? A quoi, au contraire, a-t-il le droit de ne pas obéir et même, parfois, le devoir de ne pas obéir?

C'est une question difficile à traiter ; je risque, en la traitant, d'étonner, peut-être même de troubler bon nombre d'esprits excellents, et de m'exposer à plus d'un jugement sévère. Mais je suis tellement convaincu de la nécessité qu'il y a de la traiter ; j'ai tellement souffert des diminutions et des abaissements de caractère que j'ai vu atteindre certains détenteurs du commandement, et de cette sorte de paralysie, lente et progressive, que j'ai vu gagner les différents échelons de la hiérarchie, que je crois de mon devoir de me délivrer de l'inquiétude qui m'oppresse, et de pousser le cri qui s'impose à ma conscience.

Les erreurs et les calomnies qu'on répète, chaque jour, au sujet de cette question, l'ont, du reste, obscurcie, à un tel point, que le public a cessé de comprendre ce qu'il comprenait autrefois fort bien.

Ainsi, dans certains milieux, on a fait, et on continue de faire, de l'obéissance, un acte contraire à la raison, un acte dégradant.

Que peut-on tirer; que peut-on attendre de gens, qui, comme les religieux et les militaires, font vœu d'obéissance ; de gens tombés assez bas pour avoir abandonné, ou vendu, l'exercice de la faculté la plus précieuse de l'homme; de quoi peuvent être capables des hommes devenus, volontairement, d'hommes libres qu'ils étaient, des esclaves sans volonté, soumis à tous les caprices des maîtres qu'ils ont eu la bassesse de se donner ?

L'obéissance, qu'on qualifiait de passive, afin de pouvoir la condamner plus sévèrement, était traitée de fléau de l'esprit humain ; et tous ceux qui avaient osé s'en libérer, pour aussi bête et aussi ridicule qu'eût été leur acte de rébellion, dicté, le plus souvent, par la faiblesse de leur intelligence, l'excès de leur orgueil ou l'indignité de leurs sentiments, étaient qualifiés de grands citoyens, et comblés des faveurs que l'opinion aveugle accorde si généreusement aux irréguliers, aux déclassés et aux révoltés.

Du Sud au Nord, de l'Est à l'Ouest, et, par delà les mers, dans toutes les colonies, les places, les boulevards, les avenues, les rues, les ponts, les promenades, les squares, et les statues qui les ornent, ne glorifient-ils pas le souvenir de la rébellion ?

Je me souviendrai toujours de l'impression que je ressentis, à Carcassonne, à la vue de la statue hideuse de Barbès, furieux et menaçant, que complétait l'inscription incendiaire gravée sur le socle ; et je me demandais ce qui pouvait bien subsister des enseignements que les officiers s'efforçaient de donner à leurs hommes que, chaque jour, l'attrait de la promenade amenait à contempler ce monument élevé à la mémoire d'un insurgé.

Puis, tout en continuant de chanter le même refrain, en l'honneur des inférieurs : mauvais sous-officiers, mauvais soldats, ou condamnés, pour les encourager à ne pas se soumettre aux officiers, on entonna un autre couplet en l'honneur de ces derniers.

Ah ! pour les officiers, c'était différent : l'obéissance n'avait rien de dégradant ; sur toutes choses la discipline militaire dont ils doivent donner l'exemple, implacable, exigeait une obéissance absolue, complète, de tous les instants ; non pas à tous les ordres que leurs supérieurs pouvaient donner, non ; mais à tous ceux qui émanaient de quelque autorité que ce fût, au nom de quelque prescription légale ou quasi légale que ce fût.

C'est la théorie qui a cours actuellement dans les milieux gouvernementaux.

C'est en son nom que tout citoyen qui fait mine de concevoir quelque doute sur l'équité, la justice, ou la valeur de l'une des dispositions que le pouvoir prétend imposer, ou montre quelque hésitation à s'y conformer, se voit aussitôt traité de Romain ; en attendant de se voir conduit à la frontière, par décision administrative, en sa qualité d'étranger. Mesure qui serait fort logique, du reste, de la part de gens qui ont chassé, hors de la Patrie, ceux de leurs concitoyens qui avaient cru pouvoir se réunir, afin de sanctifier leur vie, et qui avaient pensé ne pas perdre leurs droits de citoyen, en renonçant à ce que l'on appelle, dans un vilain jargon, la satisfaction des besoins de la nature.

Ainsi, tantôt on proclame que le devoir est de se révolter contre toute autorité ; tantôt on prétend que le devoir consiste, au contraire, en une

soumission, absolue et servile, aux caprices légaux
et variables d'un parlement plus ou moins bien
inspiré ; étant bien entendu, toutefois, que dans
l'armée cette soumission n'enlève pas aux inférieurs le droit de résister aux ordres des officiers
qui les pourraient contrarier.

Et la soumission qu'on prétend imposer à la
généralité des Français est si complète qu'elle ne
permet pas, sous peine d'être exilé, de conduire sa
vie intérieure autrement qu'un pouvoir athée ne
la conçoit.

On comprend que cette confusion des doctrines
ait parfois embarrassé bon nombre de ces autorités
supérieures qui ont, comme je l'ai dit, contracté
avec l'habitude de commander ce qu'elles devraient
laisser commander aux autres, celle de commander aussi ce qu'elles ne devraient jamais commander ; et bon nombre aussi d'autorités inférieures,
habituées depuis longtemps à obéir à tout ; quoique, au fond, la contradiction dans la conduite et
dans les actes ne soit pas de nature à préoccuper ceux qui ont renoncé à toute personnalité.

Mais, si la confusion des doctrines n'a embarrassé qu'incidemment ceux qui détiennent
l'autorité supérieure, la nature des ordres qu'ils
ont donnés, bien différente de celle des ordres
qu'ils donnaient auparavant, n'a pas tardé à sur-

prendre, à inquiéter, à attrister parfois, et même à confondre, les braves gens qui devaient en assurer l'exécution.

Il faut observer, en effet que si, contrairement aux décisions des Loges, les vœux que les religieux ont prononcés ne peuvent pas avoir pour effet de les priver des droits qu'une condamnation infamante pourrait seule, à la rigueur, leur enlever, les engagements que les officiers ont contractés en entrant au service, n'ont pas davantage pour conséquence d'en faire des citoyens diminués.

On peut, afin de les soustraire aux luttes et aux compromissions politiques, les écarter du parlement et les priver de leurs droits électoraux; mais il ne résulte pas de ce qu'ils se soient résignés à la pauvreté et au sacrifice de leur vie, et qu'ils aient promis d'obéir à tout ce qui leur serait commandé pour le bien du service et l'exécution des règlements militaires, qu'ils soient dépossédés, par le fait même de ces engagements, de la possession des droits inhérents à leur dignité d'homme.

L'auraient-ils voulu, du reste, que les frères vigilants de l'acacia ne l'auraient pas toléré, eux qui prétendent ne permettre à personne d'abdiquer l'exercice d'aucune faculté humaine.

Assurément, dans l'armée, les relations entre le supérieur et les inférieurs ont un caractère de

rigueur plus grand que celles qui régissent, dans
d'autres milieux, les rapports des supérieurs et
des inférieurs. Le commandement y est plus im-
pératif; il comporte une exécution plus prompte,
plus formelle, plus dévouée; et en campagne ces
caractères s'accentuent encore. Mais, quel que soit
le commandement qu'un militaire exerce, et
quelle que soit l'obéissance que doive un militaire, les droits de l'autorité et les devoirs de
l'obéissance restent, dans l'armée, comme ailleurs,
soumis aux lois morales qui constituent toute
autorité et toute obéissance.

Il y a plus : si les relations du supérieur et des
inférieurs comportent, dans l'armée, une rigueur
et une promptitude d'exécution plus grandes, il
faut remarquer avec quelle attention toute parti-
culière, elles ont été définies, comme ne l'ont été
aucunes autres relations entre supérieur et infé
rieurs; car aucunes de ces relations ne sont régies,
par la formule simple, nette, et limitative aussi,
qui, dans l'armée, donne l'autorité au supérieur
et impose l'obéissance aux inférieurs.

On ne peut commander, et on ne doit obéir, que
pour le bien du service et l'exécution des règlements militaires. Et je m'étonne que cette observation n'ait pas frappé davantage, car elle est de
valeur.

Évidemment, à des gens qui renoncent à faire

prévaloir leurs préférences ou leurs convictions politiques, qui abandonnent la plus grande part de l'exercice de leur volonté, qui se soumettent aux privations d'une vie peu fortunée, à l'obéissance, à une soumission de tous les instants, et enfin, au sacrifice de leur vie, on doit quelques ménagements et quelque considération. Héritiers des vertus des soldats qui fondèrent l'unité et la grandeur de la France, ces braves gens ont le droit de ne pas être traités en esclaves et celui de voir définir, et limiter exactement, les pouvoirs auxquels ils jurent de se soumettre et les devoirs qu'ils s'engagent à remplir.

Cette définition précise, limitative, est nécessaire, pour sauvegarder la dignité que doivent posséder les défenseurs les plus effectifs de la grandeur nationale.

Elle est aussi imposée par le caractère des hommes d'action, auxquels elle est réservée, et par la nature des actes qu'ils ont à effectuer.

Des hommes vigoureux, en effet, hardis, téméraires, rompus à tous les exercices et à la fatigue, faits au danger, ambitieux aussi, peuvent avoir les défauts de leurs qualités, et l'on doit songer aux incidents que la nature spéciale de leur tempérament peut faire surgir: aux colères et aux

excès d'un supérieur trop personnel ou trop
ardent que l'exercice du commandement étourdit,
aux résistances d'un inférieur d'une nature indis-
ciplinée, ou aux excès de passivité d'un subor-
donné endormi, indifférent ou trop habile. Tous
ces braves gens : fantassins, cavaliers, artilleurs
ou sapeurs sont d'une nature qui diffère de
celle des fonctionnaires de l'enregistrement, des
douanes, de la finance ou de celle des officiers,
dits ministériels.

Il importe aussi de définir, nettement, le cercle de leurs attributions, car la nature de leurs
occupations est aussi spéciale que celle de leur
caractère.

Autre chose, en effet, est d'instruire, de dresser
et de redresser des hommes, plus ou moins intel-
ligents et plus ou moins soumis ; de manœuvrer ;
de se mesurer avec un camarade ; de prendre sur
le terrain, au galop, dans le bruit et dans la
poussière, des décisions subites ; de rectifier une
faute d'un inférieur maladroit ou mal intentionné,
et autre chose d'enregistrer un bail, de vérifier
une hypothèque, de percevoir des droits d'entrée
de marchandises ou de donner lecture, dans un
bon fauteuil, au coin d'un feu, devant la famille
assemblée, d'un bon acte rémunérateur : « Par
devant nous maître Dufer et son collègue ont
comparu... »

Oui, ces compères vigoureux doivent être maintenus, exactement, dans l'exercice de leur vigoureux métier, si l'on ne veut pas qu'ils soient exposés à se couper la gorge.

Hélas ! cette considération du caractère spécial au militaire est souvent méconnue des chefs, possédés de l'inertie du pouvoir, ce qui est la forme la plus tyrannique et la plus étouffante du pouvoir. Quand ils ont, sous leurs ordres, un inférieur vivant, ardent, résolu, ambitieux, ils l'accusent, souvent, d'avoir mauvais caractère, d'être difficile à conduire ; et ils lui préfèrent des officiers sans autre valeur que celle, toute négative, que leur assure leur passivité.

C'est pour des motifs analogues, du reste, qu'une législation et une juridiction spéciales, qui n'ont rien d'exceptionnel, contrairement à ce que les démolisseurs prétendent, ont été instituées ; et il faut être fou à lier, ignorant à battre ou antimilitariste furieux — et l'on peut être tout cela à la fois — pour songer à les abolir.

L'esprit qui préside à ce projet de destruction des conseils de guerre apparaît du reste par le seul fait que, tandis que la répression des fautes les plus graves serait diminuée dans des proportions extravagantes, frisant l'encouragement, la punition prévue pour le refus d'obéissance des officiers serait singulièrement aggravée. On voit ce qu'on poursuit dans cette réforme insensée et coupable.

Enfin, il importe aussi à la tranquillité publique que l'emploi de la force nationale, que le pays confie aux officiers, ne puisse pas être détourné du but pour lequel cette force a été constituée ; il importe que son emploi soit contenu, dans le cercle des devoirs professionnels et des responsabilités que les règlements militaires ont fixés.

On ne doit donc obéir que pour le bien du service et l'exécution des règlements militaires ; la règle s'applique à tous les échelons.

Elle régit aussi l'échelon suprême.

Il ne peut, lui aussi, commander quoi que ce soit, qui ne se rapporte pas, directement, au bien du service ou à l'exécution des règlements militaires ; et il ne peut pas davantage, sans manquer à ses devoirs, condescendre à donner un ordre que l'autorité civile l'inviterait à donner, si cet ordre ne rentrait pas dans la catégorie des seuls ordres auxquels ses inférieurs doivent obéir. Inférieurs ou supérieurs, tous ceux qui enfreindraient cette règle fausseraient et violeraient le pacte qui a déterminé leurs rapports hiérarchiques ; celui qui, en constituant leur autorité et leur obéissance, a défini et limité les conditions dans lesquelles leur action peut être mise en mouvement.

Ainsi, non seulement l'autorité et l'obéissance sont, dans l'armée, soumises aux lois générales qui constituent l'autorité et l'obéissance, mais elles sont, de plus, définies nettement ; elles sont limitées, et leur fonctionnement ne vise qu'un but.

Mais, qu'est-ce donc, enfin, que l'obéissance ?

C'est une vertu morale, qui porte à condescendre aux ordres ou aux volontés d'une autorité supérieure.

De cette définition résulte, tout d'abord, cette conclusion qui répond, victorieusement, aux reproches que l'on adresse aux gens qui consentent à obéir ; à savoir que la vertu d'obéissance réside, essentiellement, dans la volonté ; par conséquent qu'il n'y a pas d'obéissance passive, pas d'abdication de la volonté chez celui qui obéit, mais, au contraire, un acte formel de sa volonté.

Or, cet acte que la volonté fait commettre peut être contraire aux tendances personnelles ; si donc la volonté a réussi à réprimer ces tendances, il faut voir, dans cette décision, un fait méritoire qui donne la preuve de la liberté dans laquelle se meut la volonté.

Aussi, l'obéissance qui découle du respect que l'on doit au supérieur, peut-elle, quand elle n'est consentie qu'en considération de ce respect, et au prix de grands sacrifices, devenir une vertu supérieure à toutes les autres vertus morales, à l'exception des vertus théologales.

C'est simplement cette vertu sublime que les militaires pratiquent.

Mais il faut faire attention que cette pratique cependant n'échappe pas à la loi commune; elle doit être guidée, informée, bien orientée.

Il faut, en effet, prendre garde de tomber dans l'un des deux vices, au milieu desquels se meut l'obéissance. Si l'on peut ne pas obéir suffisamment, être répréhensible du défaut d'obéissance, on peut aussi tomber, même avec de bonnes intentions, dans l'excès d'obéissance qui est grave, parce que, le plus souvent, cet excès ne porte pas seulement à obéir trop, sur trop de choses, mais parce qu'il porte à obéir sur des choses défendues, sur des choses qu'on n'a pas le droit de faire et qu'on n'a pas le droit, non plus, d'ordonner de faire.

De telle sorte, qu'il y a lieu de considérer l'obéissance indiscrète, qui est précisément celle qui porte à obéir à tous les ordres que l'on reçoit, même à ceux qui concernent des choses défendues ; l'obéissance imparfaite, qui s'en tient aux choses strictement de devoir ; l'obéissance parfaite, enfin, qui obéit en tout ce qui est permis.

La seconde est la seule qui puisse être considérée comme obligatoire ; elle ne saurait cependant suffire dans l'armée.

Ainsi que je l'ai dit, la lettre ne nous suffit pas et ne peut pas nous suffire ; il nous faut y joindre la connaissance de l'esprit de l'ordre.

L'obéissance, dont on doit faire preuve dans l'armée, ne doit pas être seulement celle qui se borne à l'observation des choses strictement de devoir ; cela pourrait assurer l'exécution des règlements militaires, en temps ordinaire, mais cela ne suffirait pas à satisfaire, toujours, au bien du service qu'on a pour devoir de rechercher constamment.

C'est donc l'obéissance parfaite; celle qui exige le don complet de toutes les activités, qu'il faut pratiquer dans l'armée ; sous la condition expresse, bien entendu, de ne pas enfreindre les lois fondamentales, c'est-à-dire, pour un chrétien, de ne rien commettre qui puisse nuire à son salut; pour un officier de ne rien faire au delà des limites que les règlements ont assignées à son activité, ni au delà de ce que lui permet l'honneur.

L'homme, en effet, est soumis à Dieu en toutes choses, parce qu'il dépend de lui, dans tout son être et dans toute son activité ; il lui est soumis absolument, parce que, Dieu étant le Bien même, il est sûr que tout ce qu'il commande est bon et, par conséquent, le Devoir même.

D'autre part, quel qu'il soit, l'homme ne peut pas être soumis à l'homme en toutes choses, parce qu'il ne dépend pas de l'homme en toutes choses ; qu'il n'en dépend que pour les actes pour lesquels il entre en rapport avec le supérieur, et qui ont besoin, pour atteindre leur fin, d'être commandés par le supérieur. Il ne peut être soumis à l'homme que conditionnellement, parce que l'homme, n'étant, par lui même, ni la Vérité ni le Bien, peut se tromper sur le Devoir, ou même vouloir sciemment ce qui est contraire au Devoir.

L'homme ne doit obéissance à l'homme que sous cette réserve ; pourvu que ce que l'autorité humaine commande ne soit pas contraire à la loi de Dieu, qui est la Vérité et le Bien, et par la même, la règle éternelle du Devoir.

Ainsi, quand un inférieur reçoit un ordre d'un supérieur, il doit le contrôler à part lui pour ainsi dire, afin de voir si cet ordre n'est pas en contradiction avec un commandement supérieur auquel il a le devoir d'obéir. Il le doit examiner, pour en saisir la teneur ; il doit aussi s'efforcer d'en comprendre la raison, le but, l'esprit.

C'est pourquoi un supérieur, qui a l'intelligence du commandement, doit faire, sur ce point, l'éducation de l'inférieur, non seulement par respect pour la dignité humaine, non seulement parce que la confiance provoque l'affection de l'inférieur et amène une obéissance plus prompte et plus dévouée ; mais aussi parce qu'il développe ainsi, chez l'inférieur, l'intelligence, l'activité et le zèle, qui font l'obéissance parfaite, l'obéissance parfaite qui saisit la volonté du supérieur et qui voyant, par exemple, que les motifs qui l'avaient inspirée n'existent plus, sait exécuter l'ordre qu'il a reçu, en le modifiant, pour obéir vraiment à la volonté du supérieur.

Qu'on ne me fasse pas dire ce que je ne dis pas.

Je ne dis pas que toutes les fois qu'il reçoit un ordre de son supérieur, l'inférieur doit l'examiner avant d'y obéir. Quand l'ordre est de ceux que le supérieur a le droit de donner, de par les règlements, le devoir de l'inférieur est tout tracé, car il doit au supérieur une soumission de tous les instants. Je parle d'ordres qui ne sont pas, expressément, de la nature de ceux dont l'observation ne comporte pas d'hésitation.

Ceux-là, du reste, on a pour en apprécier la

valeur un procédé infaillible qui, jadis, suffisait
à déterminer, sans aucune réglementation, tous
les actes de la vie militaire. Il suffisait à nos pères
de voir ce que permettait ou ce que défendait
l'honneur.

L'honneur: «... je vous salue », s'écriait, il y
soixante ans, un évêque, « je vous salue, ô vous
qui avez fait longtemps la gloire de nos pères,
honneur français que les aïeux transmettaient à
leurs petits-enfants comme le premier bien des
familles, et que les rois sauvaient sur les champs
de bataille, au risque d'y laisser leur couronne :
céleste passion des nobles cœurs, heureuse sauve-
garde de la justice et magnifique supplément des
lois... fier des privations et des sacrifices ! »

Il faut observer, enfin, que l'obéissance qui est
due au supérieur immédiat est due aussi à l'autorité qui le domine ; c'est-à-dire que l'obéissance
est due à l'autorité la plus élevée, plutôt qu'à
une moindre ou à une subordonnée.

Cette observation, qui semble, à première vue,
digne de M. de la Palice, a été souvent mal inter-
prétée ; aussi convient-il de ne pas la perdre de
vue. Elle est complétée, par l'indication des cas
dans lesquels on ne doit pas obéir ; à savoir
quand on a reçu un ordre contraire d'une auto-

rité supérieure, qui a le droit de commander à
celle qui a donné l'ordre ; quand l'ordre que le
supérieur intime n'est pas de sa compétence :
un soldat n'étant tenu d'obéir à ses supérieurs
qu'en matière de service militaire ; un domestique à son maître qu'en ce qui concerne les
actes de son service ; un fils à son père qu'en
matière domestique.

Si cet exposé, trop long, est l'expression des
conclusions auxquelles m'ont conduit les pensées
qui m'ont agité de longues années et m'ont souvent attristé, cependant il n'est pas de moi. Il
est de saint Thomas, simplement, que de bons
amis m'ont appris à consulter, sur un point que
le grand docteur a éclairé de la lumière de son
jugement parfait. Et comme saint Thomas présente mes conclusions, beaucoup mieux que je ne
l'aurais pu faire, j'ai cru que je ne pouvais mieux
faire que de résumer la thèse de l'ange de l'École.

Mais sans avoir besoin de recourir à un secours
aussi puissant, il semble, qu'avec un peu de
réflexion, on n'aurait pas perdu la notion de l'autorité, ni celle de l'obéissance, si, depuis longtemps, on n'avait pas contracté les habitudes
funestes que j'ai condamnées, qui ont diminué
et abaissé l'autorité et avili presque l'obéissance,

et qui **nous** ont préparés à commettre de graves erreurs.

Quand les inférieurs se laissent, peu à peu, réduire à l'état d'automates, sans pensée, sans volonté, et sans dignité parfois ; et que les supérieurs, ayant accaparé tous les pouvoirs, ne songent pas, cependant, à exiger des autorités gouvernementales le respect auquel ils ont droit et qui limite ce que ces autorités, quelles qu'elles soient, ont le droit de leur demander, alors tout peut arriver ; et déjà nous avons vu se dérouler, devant le pays attristé, des scènes qui sont propres à causer les plus légitimes douleurs et à faire concevoir les craintes les plus grandes.

Il nous est plus facile, maintenant, d'entrer dans l'étude de la question que la situation présente impose le devoir d'étudier à tous ceux qui ont au cœur le souci de l'honneur et de la grandeur de l'armée.

Et, tout d'abord, abordant par le côté qui conduit à la clef de la position, il n'est pas vrai, comme on le prétend, que toutes les lois humaines, même celles qui sont édictées par une autorité sans haine à l'égard d'aucun de ses concitoyens, soient dignes de notre respect et commandent toutes notre obéissance.

**Elles** n'y ont droit que si elles ne portent que

sur les parties qui sont réservées au législateur, sans jamais pénétrer dans un domaine qu'il lui est interdit de violer; que si elles n'obligent à rien qui soit défendu par une loi supérieure; que si, enfin, elles n'oublient pas que la soumission ne peut être exigée qu'à l'égard des actes corporels seuls.

Or, depuis un siècle et plus, la législation dont l'observation nous est imposée, celle à laquelle nous avons pris l'habitude d'obéir, en maugréant plus ou moins, par faiblesse, par fatigue ou par crainte d'un plus grand mal, a fort peu de souci de ces vérités essentielles.

Et c'est cette confusion des pouvoirs, ou pour mieux dire, l'accaparement de tous les pouvoirs par l'Etat, qui est cause des conflits qui divisent aujourd'hui, en deux camps ennemis, les citoyens de la même patrie.

Il faut parler franchement, au risque fort négligeable d'être traité de réactionnaire, de clérical, ou de Romain, par les gens qui, eux, sont des despotes, des athées et des sans patrie. C'est l'orgueil humain qui est inspirateur de nos lois, dont beaucoup sont tyranniques, haineuses et de combat ; c'est l'orgueil humain qui risque de perdre le pays.

Eh quoi, me dira-t-on, vous reniez les conquêtes de la Révolution ; vous ne tenez compte, ni de l'affranchissement de la pensée, ni des progrès de l'esprit humain?

Il est vrai, je l'avoue ; je suis, depuis longtemps, totalement insensible aux conquêtes de la Révolution ; car il y a beau temps que je suis convaincu que la marche naturelle des choses aurait fait adopter, par la monarchie, des réformes plus équitables, plus simples, plus libérales, plus fécondes, plus conformes aux traditions nationales, que les quelques réformes que nous avons payées, au prix de tant de ruines et de sang, et qui nous laissent, sous tant de rapports, fort loin de ce que la plupart des pays étrangers ont su réaliser moins douloureusement.

Je fais peu de cas, je l'avoue aussi, de ce qu'on appelle l'affranchissement de la pensée ; car je ne vois, de tous côtés, que les perpétuelles tyrannies d'un pouvoir afrançais et areligieux, qui ne nous laissent jouir d'aucune des libertés dont jouissent les peuples, qui ne prétendent pas avoir affranchi la pensée. En fait, nous avons libéré de toute entrave ce qui est mal et ce qui fait le mal, et proscrit ce qui est bien et ce qui pourrait faire le bien.

Et, vraiment, quand je compare Colbert à M. Camille Pelletan, d'Aguesseau à M. Baudoin, Richelieu à M. Clemenceau ou à M. Waldeck, Pascal à M. Jaurès, Corneille au grand dignitaire qu'est

M. Sardou, Louvois à M. Maurice Berteaux, et
que je songe au progrès prétendu de l'esprit humain, je ne puis que hausser les épaules et pouffer
de rire.

C'est sous l'influence des doctrines du xviii° siècle que nos législateurs de la Révolution ont contracté l'habitude, devenue chez eux, comme chez
leurs successeurs, une seconde nature, de perdre
tout souvenir de la base sur laquelle le droit s'ap-
puie.

N'ayant plus admis ces vérités fondamentales
que l'homme qui n'est pas le principe premier de
son être ne saurait être le principe premier de son
activité; que s'il est vrai que l'homme trouve en
lui la loi de son action, il la trouve dans un être
qu'il n'a pas fait; et que, par conséquent, cette loi
qu'on appelle la loi naturelle, lui vient de son au-
teur, comme l'être et avec l'être qu'il en a reçu;
n'admettant pas davantage, qu'au-dessus de cette
loi naturelle, il y a la loi divine de la religion po-
sitive que Dieu a intimée par révélation, ces mes-
sieurs, premier principe, pensent pouvoir légiférer
sur toutes choses.

Or, malgré ce que les héros du premier bloc ont
pu prétendre et malgré ce que prétendent, de nos
jours, leurs successeurs du second bloc, rien ne
peut être changé à ce qui est la Vérité. L'homme

ne peut faire de loi que dans la limite que lui laisse la législation divine qu'il a pour premier devoir de respecter; d'où il suit qu'en faisant des lois, les pouvoirs publics ne font le droit, qu'ils ne peuvent créer, que dans la limite où ils légifèrent en conformité avec le droit naturel et divin.

De telle sorte qu'en dehors de là, les formules législatives ne sont que des fantômes de loi qui ne lient pas les consciences.

Et c'est parce que bon nombre de lois ont été conçues dans un esprit contraire à la vérité; qu'elles nient Dieu; qu'elles nient la loi naturelle et la liberté humaine; parce qu'elles sont athées, en somme, comme le disent, avec orgueil, leurs auteurs; parce que le régulateur de la vie nationale est brisé ; que quelques citoyens qui ne croient qu'à eux se moquent des convictions de la majorité qui croit à Dieu et pense à ses devoirs, que tout est en confusion en France.

N'est-ce pas intolérable, insensé, monstrueux, incroyable même, quoique cela se passe sous nos yeux.

Et les lois, ces lois qu'on prétend intangibles, au nom desquelles on déchire un pays, que sont-elles, le plus souvent, si ce n'est un déchaînement de colère, une manifestation de haine, ou un acte de brigandage, sans plus de logique, ni plus de méthode et de pratique que la colère, la haine ou la passion du vol n'en peuvent posséder? Si bien qu'il arrive, journellement, nous en avons le spectacle, de les voir modifier, compléter, aggraver, ou bien au contraire abroger, avant même que les magistrats chargés de les appliquer n'aient eu le temps de les étudier.

C'est la succession, non terminée, des lois, dites de séparation, que l'histoire appellera lois de spoliation; c'est la loi du repos hebdomadaire, au nom de laquelle on assomme et qu'un ministre avoue n'avoir pas subi assez l'épreuve de l'expérience, pour pouvoir avoir été mise au point, car dans un régime démocratique les lois doivent fatalement subir des transformations continuelles, évoluer selon les circonstances. C'est le Président du conseil, que sa nature emporte, et qui en pleine Chambre, blague son principal ministre, déclare que tout est gâchis dans les lois qu'il a fait voter et que ses agents appliquent avec la mansuétude qu'on sait; puis surpris par ses propres paroles, revient sur ce qu'il a dit, s'excuse, embrasse le collègue et s'en tire en repoussant « du pied » la déclaration des évêques de France que le Pape a approuvée et que le collègue écarte d'un geste plus contenu.

Législation de caoutchouc, dit M. Pelletan, qui est de la partie.

Ainsi, à la tyrannie, au mépris de tous les droits et de toutes les libertés, à la spoliation des biens les plus sacrés, se joint l'incohérence.

Non ; toutes les lois réunies ne font pas le droit ; ce sont d'horribles fantômes de lois, qui ne lient pas un être doué de raison, ni un homme d'honneur, encore moins un chrétien ; car ils ont tous le devoir et le droit de réserver leurs facultés d'obéissance, pour les prescriptions des lois supérieures. « *Dura lex sed lex* », dit-on, sans faire attention, qu'au temps de cet adage, *lex et jus*, la loi et le droit se confondaient, mais que, depuis, un fait historique, d'une certaine importance, a délivré l'humanité des principes de la législation païenne.

Je ne perdrai pas mon temps à chercher à éclairer la question des réquisitions, en vertu desquelles on prétend pouvoir recourir à l'emploi de la force armée, puisque, fût-il légal et légalement donné, un ordre injuste qui viole le droit ne commande pas l'obéissance.

Je ne me perdrai pas davantage dans le maquis de la réglementation, compliquée et embrouillée à dessein ; mais, envisageant l'ensemble des actes auxquels on a fait participer l'armée, je dirai que les chefs militaires qui ont accepté la mission de donner les ordres, en vertu desquels leurs inférieurs et leurs troupes pouvaient avoir à agir ont eu tort d'accepter cette mission ; car ils avaient le devoir, de par les réglements qui les ont institués les défenseurs attentifs, paternels et dévoués des droits et des intérêts de tous leurs inférieurs, de ne pas risquer, par leur condescendance exagérée — excès d'obéissance — de les exposer à se trouver vis à vis d'une situation, qui devait mettre en péril ou leurs intérêts ou leur conscience.

Au début ils ont pu se tromper et ne pas discerner où l'on prétendait les conduire; mais lorsqu'ils virent ce dont il s'agissait, ils auraient pu, sans bruit aucun, quand ils furent touchés par les réquisitions qui leur furent remises, faire connaître qu'ils n'estimaient pas qu'il fût dans leurs attributions de transmettre de pareils ordres.

Car la transmission d'une réquisition qui comporte exécution équivaut, de la façon la plus formelle, à un ordre, et l'on ne se dégage pas, en agissant ainsi, de la responsabilité qu'on fuit. Prétendre le contraire, c'est dépasser, de beaucoup, la subtilité de raisonnement et d'interprétation, qu'on prête aux noirs disciples de Loyola. C'est imiter les chefs, nombreux, qui se gardent de signer les ordres qu'ils donnent; au nombre desquels, il convient de comprendre le ministre de la Guerre, quand il fait donner lecture, seulement, d'ordres qu'il ne veut pas voir entre les

mains de ceux auxquels il en impose l'observa
tion.

Les réquisitions, si elles pouvaient compor-
ter exécution d'actes contraires à la conscience
des officiers et à celle des hommes de troupe, dont
on a tort de ne jamais s'inquiéter, quand ils ne sont
ni juifs, ni musulmans, ne devraient pas être ac-
ceptées, encore moins transmises.

Les officiers ont droit à plus de respect de la
part des pouvoirs publics, et à plus de dévouement
et plus de reconnaissance aussi, de la part de leurs
chefs.

Les pouvoirs publics ne doivent pas oublier la
nature spéciale et limitée qui définit l'obéissance militaire; ils ne doivent pas oublier ce qu'on
doit, en plus de la maigre solde dont ils se con-
tentent, à de braves gens qui ont sacrifié, au bien
du service et à la Patrie, tout ce qu'ils leur sa-
crifient chaque jour ; jusqu'aux préférences politiques qu'ils conservent le droit d'avoir s'ils n'ont
pas celui de les manifester ; jusqu'aux traditions
de leur famille ; jusqu'à leurs intérêts matériels
aussi ; jusqu'à des intérêts plus chers encore, la
santé de leur famille, atteinte par un climat contraire, l'éducation de leurs enfants, des chers pe-
tits qui les continueront et suivront leurs traces
dans la voie de l'honneur et que le manque de
ressources locales compromet.

Vie difficile, abnégation des opinions politiques, abandon des traditions de famille, mépris de la santé des êtres chers, résignation aux périls que court la formation des enfants; tout cela, tout cela, à quoi se joint, maintenant, l'assurance de n'obtenir désormais de justice que dans la mesure que régleront les délégués des Loges, tout cela ne parvient pas à les détourner de leurs devoirs. Fidèles à la devise inscrite sur les drapeaux dont les couleurs président à tous les actes de leur vie militaire et les glorifient: « Honneur et Patrie », ils continuent de servir de toute la force de leur âme et de leur cœur.

Mais ces héroïsmes ont une limite, celle que leur imposent la loi supérieure ou l'honneur. Ce ne sont ni des esclaves, dont on a payé et dont on s'est assuré d'avance tous les services; ils n'ont vendu ni leur corps ni leur âme, ces officiers. Ce sont des citoyens qui n'ont dépouillé, ni le droit de penser, ni celui d'apprécier l'acte qu'on leur propose. Ce sont des militaires, qui obéissent à leurs devoirs, mais qui connaissent leurs droits. Ce sont aussi des chrétiens, dont la foi guide les actes et commande le respect.

Le commandant Héry a publié le récit des incidents de Saint-Servan. Récit simple, ferme, franc, militaire, français et chrétien, comme l'acte

que commirent après lui les capitaines Cléret-
Langavant et Spiral, avec simplicité, fermeté,
franchise, en bons militaires français et chrétiens.

Quand ce douloureux événement s'était produit,
brisant ou arrêtant la carrière de ces trois bons
officiers, que j'étais fier d'avoir eu sous mes ordres,
j'avais ressenti une émotion profonde, dont je
leur avais fait part. J'en ressentis une aussi profonde en lisant le récit du commandant. Je vou-
drais qu'il fût connu de tous les Français ; ils y
verraient à quel supplice peuvent être exposés
les meilleurs d'entre eux ; ceux qui ont pour mission de défendre leur vie, leurs biens, leur honneur,
leur nationalité peut-être. Et j'estime que toute la
règlementation maçonnique disparaîtrait du coup.

Le commandant Dublaix (44 ans, 10 campagnes), qui avait refusé son concours à Paramé,
parlant au commandant Héry, s'exprime ainsi :
« J'avais pris en moi-même la résolution d'exécuter
« l'ordre intégralement et jusqu'au bout ; mais, mon
« cher ami, ça n'a pas pu passer. Quand j'ai vu
« les vieilles femmes, les paysans qui pleuraient
« devant leur église, j'ai senti mon cœur se soule-
« ver de dégoût ; je me suis dit que, décidément,
« ce n'était pas notre métier de violenter les
« honnêtes et paisibles travailleurs. Je n'ai pas
« pu. Je n'ai pas pu. »

Mis en demeure de faire briser la porte de
l'église de Paramé, par le sous-préfet, qui l'invitait,
en même temps, à songer à son avenir qu'il risquait
de briser, le commandant avait répondu : « J'ai
« envisagé toutes les conséquenses de mon acte.
« Vous m'ordonneriez de violer la maison de mon
« père, je n'obéirais pas. Catholique, l'église est
« pour moi la maison paternelle ; je n'y toucherai
« pas. »

Devant le Conseil, le commandant Héry dé-
pose en ces termes : ... « ces sommations faites,
« M. le curé et les personnes qui l'entouraient près
« de cette porte n'ayant pas répondu, M. le com-
« missaire me demanda si je voulais faire avancer
« les ouvriers. Je le priai d'attendre un instant
« et m'adressai à M. le curé en lui demandant
« s'il pouvait me donner la clef. Celui-ci m'ayant
« répondu qu'en son âme et conscience il ne
« pouvait pas, je reculai de quelques pas, et,
« avant que j'eusse pris aucune décision, M. le
« commissaire me dit : « Eh bien, commandant,
« voulez-vous faire avancer les ouvriers ? » C'est
« alors que je lui donnai lecture de l'article 144 du
« Code pénal, relatif aux attentats contre la li-
« berté et les droits des citoyens, et, qu'invoquant
« mes devoirs civiques, je lui déclarai que je ne
« me jugeais pas suffisamment couvert par sa
« réquisition contre les peines portées par ces ar-

« ticles, que je jugeais cette réquisition illégale et
« que je préférais m'exposer aux peines portées
« par l'article 234... »

Le Commandant considérait la réquisition
comme illégale, parce qu'après étude attentive
de toute la législation, il avait la conviction que
la force armée ne peut être employée contre les
citoyens en territoire français, sauf le cas de
trouble ou d'émeute, qu'avec une extrême réserve.

Interrogé à son tour, le capitaine Cléret-Langavant répond : « Ma conscience ne me permettait
« pas d'enfoncer les portes d'une église, et je consi-
« dérais que donner cet ordre comme émanant de
« moi équivalait à faire l'opération moi-même.
« Cette raison est celle qui m'a principalement
« déterminé. En dehors de cette question, je con-
« sidérais la réquisition comme illégale et portant
« atteinte à mon honneur de militaire. »

Enfin, le capitaine Spiral termine sa déposition en concluant que s'il y avait obligation pour
les ouvriers civils (on n'a pas osé les mettre en
demeure d'obéir, on n'a pas même osé en requérir), « qu'il n'était pas question de pareilles réqui-
« sitions pour la troupe, en dehors du cas
« d'émeute, de rébellion, barricades et résistance
« armée, et autres faits prévus par les lois
« des 10 juillet et 3 août 1791. »

Quand les débats furent terminés, le capitaine

Cléret-Langavent répéta : « Je ne pouvais pas
« donner l'ordre d'enfoncer les portes d'une église,
« car je considère que celui qui donne un ordre pa-
« reil est plus directement responsable que celui
« qui porte lui-même la main sur l'église. Au re-
« tour du commandant, j'ai cru que le sacrifice,
« que j'étais prêt à faire, ne me serait pas imposé.
« Je ne suis pas un héros. J'ai remercié Dieu. Ma
« résolution était prise irrévocablement, mais
« j'espérais ne pas avoir à la manifester.

« Aurais-je obéi à la réquisition si ma conscience
« n'avait pas été engagée ? Je n'en sais rien.

« Outre que mon honneur de soldat répugnait
« fortement à la triste besogne qui m'était de-
« mandée, je trouvais que toutes les formes légales
« étaient mises de côté... Je sais bien que, lors-
« qu'on a simplement l'âme d'un fonctionnaire ser-
« vile, on se contente de regarder si l'on est cou-
« vert par des ordres supérieurs, mais j'ai l'âme
« d'un soldat, et la chose qui répugne le plus à un
« soldat, c'est de céder à la peur... Qu'auriez-
« vous le droit de penser de moi, si moi, catholique,
« j'avais porté la main sur mon église !... En en-
« trant dans l'armée, nous sommes prêts à faire à la
« patrie tous les sacrifices ; mais notre honneur est
« à nous, nous voulons le garder intact, et je me
« demande si les honneurs et la dignité des armes
« restent bien intacts, après l'exécution d'une be-

« sogne pour laquelle on emploie maintenant alter-
« nativement les soldats et les repris de justice.
« Enfin, quand je serais arrivé à surmonter les ré-
« pugnances de mon honneur et de ma conscience
« de soldat, au dernier moment, ma conscience
« se serait soulevée de dégoût. Je n'aurais pas
« pu. »

Le capitaine Spiral lui succède et s'exprime
ainsi :

« Avant d'entrer à l'Ecole spéciale militaire,
j'ai signé un acte d'engagement par lequel j'ai
promis, à partir de ce jour, de servir avec fidé-
lité et honneur.

« Comme officier, j'ai été reconnu à différentes
reprises devant la troupe confiée à mon commandement, et celle-ci devait, de par la formule de
reconnaissance, m'obéir en tout ce que je lui
commanderais pour le bien du service et l'exécution des règlements militaires...

« Il est dans l'armée, d'un usage courant, em-
prunté aux auteurs les plus autorisés, de com-
parer le drapeau au clocher du village, au foyer
paternel. Quelle inexplicable contradiction, si
j'avais lancé ma troupe contre l'église pour en
briser les portes !

« J'ai toujours obéi à la Loi qui doit être l'expression du droit.

« Le 23 février, je ne pouvais renier mon éducation tout entière, les convictions profondes qui en sont la conséquence; et j'ai fait mon devoir, dicté par ma conscience, d'accord avec l'honneur. »

Et ces trois bons soldats, ces trois hommes d'honneur furent condamnés. Et la condamnation que le Conseil prononça mit, cependant, en fureur le Parlement qui honore de sa haine les prêtres et les soldats, les champions du Droit et de la Vérité. Il la trouvait d'une criminelle faiblesse !

Au mois de décembre dernier, pour avoir tenu une conduite analogue, le capitaine Magniez, du 8ᵉ d'infanterie, fut traduit devant le Conseil de guerre de Lille. Les débats terminés il déclara : « Seul responsable, je prends la responsabilité de tout. J'aimerais mieux être fusillé que de commettre un sacrilège. Ce serait renier mon baptême, les serments de ma première Communion. Je n'ai pas le droit d'être parjure, nul n'en a le droit. »

Et ce bon soldat, cet homme d'honneur fut aussi condamné; condamné à la destitution, chassé de l'armée, à la joie du Parlement cette fois, par des juges que j'ai le devoir de croire impartiaux, mais qui se trompèrent gravement, car ils sanctionnèrent, d'une façon cruelle, l'iniquité, en frappant un innocent, au nom de ce qu'ils crurent être l'intérêt de la discipline.

La discipline est étrangère à ces affaires ; ou plutôt, ce sont les condamnés qui seuls songèrent à la sauvegarder, au prix de leur avenir.

On entasserait réquisitions sur réquisitions, de forme et de rédaction diverses ; on réunirait tous les commissaires d'un département et ceux des départements voisins et avec eux des légions de gendarmerie, qu'on ne parviendrait pas à infirmer une seule des raisons que ces condamnés ont si simplement exposées, ni à étouffer une seule de ces paroles qui émeuvent, tracent le devoir et montrent le chemin de l'honneur.

Y parviendrait-on qu'on ne démontrerait pas que le bien du service ni l'exécution des règlements militaires puisse être invoqué, pour déterminer des militaires à briser la porte d'une église, à emporter un séminaire ou un couvent d'assaut ; on ne parviendrait pas davantage à établir que le bien du service ne commande pas de s'opposer à cet acte de violence.

Le souci de la discipline imposait, au contraire, aux pouvoirs publics le devoir de ne pas mêler l'armée à ces besognes louches, afin de la préserver des atteintes que ses qualités les plus précieuses et les plus nécessaires y subiraient.

Mais depuis le jour où l'on a procédé au siège de Frigolet, de légendaire mémoire, on a pris l'habitude de faire participer la pauvre armée, bonne à tout faire, à toutes les opérations qui ont troublé la paix publique, et, ce qui est plus triste, la paix des âmes. On la lance à l'assaut de tout ce qui ne s'incline pas devant l'injustice, la violence ou le rapt. Couvents de femmes, couvents d'hommes, écoles, chapelles, églises, presbytères, séminaires, tout a été désigné et abandonné à la violence des exécutions militaires !

Croit-on que cela ne soit pas préjudiciable à la discipline de gens chez lesquels on doit maintenir, avec soin, le sentiment exact de ce qui est permis et celui de ce qui est défendu ; la distinction précise de ce qui est à soi et celle de ce qu'on ne doit pas s'approprier ; le respect des propriétés ; celui des faibles, hommes désarmés, femmes, vieillards, enfants ?

Je ne parle pas du respect dû aux choses sacrées, puisque c'est justement ce qu'on veut détruire.

Mais, je le répète, à quel prix ces manifestations irrespectueuses et coupables ne seront-elles pas payées ?

Des presbytères ou des séminaires, on pourra passer à d'autres sièges. Il tardera, peut-être, aux pauvres gens qu'on aura pervertis de faire de nouvelles campagnes ; on les trouvera prêts à tout, ardents à tout, possédés de la passion de la violence et de la soif du pillage qu'on leur aura inculquées.

Ce que deviendra alors la discipline, celle qui fait la force des armées, il est inutile de le dire.

Cependant l'armée doit, dit-on, assurer l'execution des lois.

Non. L'armée n'a pas à assurer, en temps habituel, l'exécution des lois; ses occupations, comme ses devoirs, sont autres; et elle ne saurait en être distraite sans danger. La cavalerie n'est pas lancée à la poursuite des voleurs, caissiers ou autres; l'infanterie ne procède ni aux arrestations ni aux transferts de prisonniers; elle ne surveille pas la rentrée des impôts; l'artillerie ni le génie ne détruisent les bâtiments condamnés à disparaître. Rien de tout cela ne regarde les militaires et pour toutes ces besognes, il y a des agents spéciaux.

Il importe absolument de ne pas se tromper sur ce point, car il est capital; et alors on demeure assuré que, dans les cas que nous visons, l'armée n'avait absolument rien à faire et que c'est à tort qu'on a exigé qu'elle donnât son concours.

Il faut avouer, hélas! que dans cet emploi irrégulier de l'armée, tout le monde a sa part de responsabilité, et que la moindre n'est pas celle qui incombe aux autorités militaires.

On est excusable, en effet, de croire, un peu par-
tout, que l'armée est destinée à accomplir toutes les
besognes que lui assignent les pouvoirs publics,
quand on la voit, depuis si longtemps, détournée,
sous tous les prétextes, de ses devoirs professionnels, chaque jour plus pressants, plus chargés et
plus difficiles cependant.

S'agit-il des fêtes d'une inauguration, d'un centenaire, d'un cinquantenaire, d'une pose de pierre,
de l'ouverture d'une école, d'une visite d'un ministre, qui donc, de la gare à la préfecture, orne la
voie triomphale de jolis sapins coupés dans la forêt
voisine ; qui place les banderoles ; qui élève les
arcs de triomphe, particulièrement celui qui sou-
lève l'admiration, fait de baguettes de fusil, de
baïonnettes, de casques et de sabres, disposés en
attributs gouvernementaux ; qui suspend les lan-
ternes de couleur aux arbres du Mail, si ce n'est,
pour la plus grande part, le régiment ? « Notre
cher régiment » — il est toujours cher en ces
moments, — « notre cher régiment a réalisé des
merveilles, sous la direction de son digne colonel
et de ses officiers distingués. » Toujours digne et
toujours distingués, alors.

Et si la ville enfiévrée n'a pas de garnison, il en
va de même. Une dépêche à qui de droit et le régiment voisin est mis en route. Il arrive, musique
en tête, drapeau déployé ; et un vin d'honneur

doit consoler les officiers de ce que coûte, à l'instruction de leurs hommes et à leur bourse, cette corvée supplémentaire ; car ils ont eu la leur, car elle a aussi ses fêtes, la ville voisine, auxquelles son cher régiment participe largement, sous la direction de son digne colonel et de ses distingués officiers.

Pour les courses de chevaux, d'autos ou de bicyclettes, pour les expositions de tout genre, pour les départs de ballon, pour les concours d'animaux, chevaux, bœufs, vaches, moutons, poules, canards et chiens ; pour tout enfin ce qui vient rompre la monotonie de la vie : piquet et hommes de corvée. Aux propriétaires ruraux, des travailleurs ; aux théâtres, des figurants. A tous ceux qui désirent se munir d'aides à bon marché, l'armée vient en aide.

Pense-t-on que si les autorités militaires avaient eu le bon esprit d'appeler l'attention du ministre sur les inconvénients, de tout genre, que présentaient les corvées qu'il sanctionnait de son autorisation ; que si elles avaient résisté, quand elles étaient consultées ; que si elles n'avaient pas, parfois, pris sur elle de tout accorder, sans même en rendre compte, ces abus seraient passés à l'état d'usages habituels ?

Mais, c'est là un des dangers de la permanence des garnisons ; et les réformateurs qui veulent réduire l'armée à l'état de garde civique le connaissent. Peu à peu les militaires appartiennent à la ville autant, et parfois plus, qu'à leur régiment, et souvent, du bas en haut, surtout en haut, on redoute extrêmement de mécontenter M. le préfet, M. le sous-préfet, M. le maire, le sénateur et le député, les conseillers, quand ils sont du Bloc, et les délégués. Les seules personnes dont l'opinion soit indifférente sont celles que quelques-uns consentent même à violenter; il est vrai qu'on sait que celles-là ne peuvent pas nuire et qu'elles pardonnent toujours.

Et si les officiers ne sont plus considérés que comme des fonctionnaires ordinaires, taillables, corvéables et tenus de tout faire, selon l'opinion du jour, ne peuvent-ils pas s'en prendre à ceux de leurs camarades qui se sont efforcés de se débarrasser de tout ce qui les distinguait, et devait les distinguer des bourgeois, gens fort honorables sans doute, mais appelés à mener une vie toute différente de la leur, à poursuivre un autre idéal, à avoir d'autres préoccupations, d'autres passions que les leurs ?

Mais ils n'ont eu de cesse qu'on n'ait prescrit aux hommes d'armes de revêtir la tenue militaire bourgeoise ; qu'on n'ait réglementé en tenue, des vêtements tels que les cirés de cuir ou les vestons qui se portent dans les lieux élégants, au détriment du

respect qu'on doit à l'uniforme ; qu'on n'ait permis de ne plus porter le sabre, en attendant qu'on
défende de le porter, qu'on n'autorise à manger
à son gré, sans pension, avec n'importe qui !

Et, insensiblement, ces braves gens ont été ga-
gnés par des idées fausses ; ils ont perdu de vue le
caractère de leur mission et de leur vie ; ils ont pu
entendre, parfois sans broncher, les sottes paroles
qui leur étaient jetées à la face, sur leurs devoirs,
par des fonctionnaires quelconques dans les
visites du corps, en réponse à des salutations
trop humbles de leurs chefs Ils en sont arrivés à
s'excuser, presque, devant leurs hommes de les
instruire et de leur faire perdre, dans des pratiques vieillies, destinées à disparaître, le temps
qu'on devrait consacrer exclusivement, pendant
qu'on est soldat, à perfectionner ses connaissances
professionnelles civiles. Ils ont cru devoir se remplir la tête et s'efforcer de remplir celles de leurs
hommes des idées de solidarité et de mutualité
qui, toutes bonnes qu'elles peuvent être, n'ont
été imposées à l'armée que dans un but contraire
à son bien. Ils se sont quelquefois oubliés à pro-
noncer des mots que jamais les murs d'une caserne
n'auraient dû entendre. Ils ont été jusqu'à jeter
leurs regards du côté où se tiennent les dispen-
sateurs de toutes les faveurs.

C'est encore l'exception ; je le sais et je m'en

réjouis ; mais, aux régles qui constituaient la charte de l'armée, on ne pensait pas jadis, quand on était militaire, qu'il pût y avoir d'exception.

Si ce n'était que cela !

Mais le mal est éminemment contagieux ; on ne peut guère le commettre, même accidentellement, sans qu'il gagne tout l'être et le décompose avec une virulence effrayante. Alors, l'être qui avait été bon, juste et droit ; qui n'avait fait le mal, peut-être qu'accidentellement, par oubli ou par faiblesse, ne tarde pas, s'il ne répare pas sa faute, à devenir méchant, injuste et faux. Il semble qu'il doive se venger sur ceux qui n'ont pas succombé à la tentation du mal, de la déchéance dont il se sent frappé.

Or, le mal que les pouvoirs publics ont déchaîné a déjà fait des victimes.

J'en connais : témoin un officier de gendarmerie, qui était un brave homme, que son ardeur, dans les assauts d'église a transformé en délateur et proscripteur des officiers de la garnison.

Ces pauvres victimes que le mal a perverties n'ont pas pu s'arrêter dans la voie coupable où elles s'étaient engagées et, ne pouvant plus s'y arrêter, elles rivalisent entre elles et donnent des gages répétés aux pouvoirs maçonniques qui leur ont fait trahir tous leurs devoirs.

On en est arrivé à tirer gloire du zèle qu'on a déployé, en se ruant dans la servitude.

Il y a quelque temps, un général présentant son corps d'officiers à un ministre en déplacement dominical, crut devoir féliciter ses officiers du zèle dont ils avaient donné la preuve, au cours de la campagne des inventaires.

On aimerait à croire que les félicitations avaient pour but de montrer au ministre jusqu'à quel point ses subordonnés pouvaient pousser le dévouement; mais non, ils avaient marché, de bon cœur, puisque le général ajouta que la France et la République étaient unies, dans leur cœur, d'un lien indissoluble !

En quoi il eut tort, le général.

Il n'aurait pas dû, en effet, oublier que rien n'est indissoluble désormais, par ce temps de divorce aggravé, et que, depuis le jour où il a plu à la France de répudier les traditions séculaires de son histoire, les officiers n'ont jamais confondu la France et son gouvernement. S'ils ont toujours servi tous les gouvernements divers avec dévouement et vaillance, comme ce général le fit, à l'égard de celui de Napoléon III, ils n'ont jamais oublié que ce qu'ils servaient, ce n'était pas une forme politique abstraite et variable, mais une réalité qui ne varie pas, qui subsiste, immuable, et

demeure, malgré tout, l'objet de leur amour inva-
riable : la France.

Et c'est parce qu'ils ne confondent pas la France
et les gouvernements qu'elle se donne, ou qu'elle
subit, qu'ils parviennent à résister au dégoût qui
les gagne parfois, à la vue des faiblesses de leur
mère et qu'ils peuvent l'aimer quand même.

Non, non, mon général, ce que vous dites n'est
lié nulle part d'un lien indissoluble. N'enlevez
pas à vos officiers toute espérance !

C'est pour préserver l'armée des influences mauvaises, qui résulteraient de sa participation aux
opérations de police, que les gouvernements ont
des troupes spéciales : des troupes de police com-
posées de gens d'un certain âge. Ceux qui les com-
posent sont des fonctionnaires ; ils ont recherché
leur admission dans ces troupes ; ils savent quelle
est la nature des actes auxquels ils pourront avoir
à prendre part; ils n'ignorent pas ce que doivent
assurer les chefs dont ils auront à recevoir des
ordres; et leur dévouement bien payé permet de
ne pas fausser le caractère des forces nationales,
qui doivent être réservées au seules fonctions qui
leur incombent : en guerre, la défense de la patrie;
en paix, la préparation à la guerre, dont rien ne
doit les détourner, et le maintien de l'ordre, en
cas de troubles ou de sédition.

Il faut prendre garde qu'en agissant comme on le fait, on risque de transformer, peu à peu, l'armée nationale, qu'on a appelée la grande muette, à cause du calme qu'elle sait conserver au milieu du désordre général, et du silence qu'elle garde, parce que sa pensée va, constante, bien au delà des misères qui l'entourent, en une armée de prétoriens, de mamelucks et de janissaires.

Le Français, si jaloux jadis de ses droits, supportera-t-il cela?

Consentira-t-il à entretenir, de ses deniers, des gaillards armés prêts à fondre, sur un signe d'un agent quelconque du pouvoir, sur ceux ou celles qui n'auraient pas à cœur de se soumettre humblement à toutes ses fantaisies ? Conservera-t-il son insouciance habituelle vis-à-vis de ce danger toujours menaçant ? Restera-t-il dans cet état dégradant des peuples diminués? S'enfoncera-t-il dans les hontes de la barbarie? Ou bien, un jour de juste colère, ne se soulèvera-t-il pas, pour châtier ceux qui l'auront frappé, et chasser ceux qui auront lâché sur leur propre nation le fléau déshonorant d'une soldatesque déchaînée ?

On pourrait se demander aussi si, fidèles aux enseignements de l'histoire, ces guerriers mécontents un jour de la modicité de leur solde ou de leur inaction improductive, ne s'aviseraient pas de procéder à l'égard de leurs maîtres parcimonieux ou exigeants ou simplement ennuyeux, à la façon expéditive et naturelle à tout ce qui est prétorien, mameluck ou janissaire.

Tous gens, toujours prêts à étrangler leur maître, à l'instar des chiens de meute, animaux fort braves, fort soumis cependant, qui chassent fort bien, et refrènent même leurs fureurs sous la menace du fouet, mais qui dévorent, en un instant, le piqueur ou le valet qui les nourrit, s'il vient à faire un faux pas devant eux.

Que s'ils ne sont pas d'une humeur aussi brutale, ils leur suffira d'imiter des exemples plus pacifiques et aussi sûrs. Les bourses du travail s'ouvriront à ces ouvriers d'un genre nouveau; fonctionnaires, ils se syndiqueront, et vraiment quand le syndicat de quatre cent mille janissaires et de vingt-huit mille agas, bachagas, ou beys d'armes diverses, fera prévaloir ses volontés, la vie deviendra mouvementée dans notre pays et rappellera les belles époques de Rome, de Byzance ou d'Alger, dont, jusqu'à ce jour, les républiques de l'Amérique centrale seules semblaient jalouses de conserver la tradition.

Sans doute alors les puissances voisines, soucieuses de se garantir des flammèches de l'incendie, se décideront-elles à l'éteindre, et, par surcroît de précautions, à en empêcher le retour. *Finis Galliæ!*

Quelle perspective !

Que les bons bourgeois, que la terreur du spectre noir rend stupides, y fassent attention, et qu'ils cessent aussi d'avoir une confiance impassible dans le dévouement et l'honneur de l'armée. « Voyez-vous, disent-ils, tant que nous aurons l'armée que nous avons, une armée soumise aux lois, une armée imbue des idées modernes et délivrée de la domination des Jésuites et autres rétrogrades, l'ordre sera assuré et, vous savez, l'ordre avant tout. »

Détrompez-vous.

L'ordre vient de l'ordre; il ne se fait et ne se conserve que par l'ordre. L'armée n'est l'armée de l'ordre, n'est conservatrice de l'ordre, qu'à la condition d'obéir à un gouvernement d'ordre, qui fait de l'ordre; mais quand au lieu de faire de l'ordre, un gouvernement fait du désordre, divise le pays et y allume la haine, l'armée qui lui obéit n'est plus l'armée de l'ordre; elle devient, sans s'en douter d'abord, l'armée du désordre, et ses œuvres bientôt ne diffèrent pas de celles des apaches, dont on a déjà l'habitude de solliciter le concours dans les cas difficiles.

Il faut ajouter que l'armée irait vite, dans cette voie honteuse, et qu'elle deviendrait, promptement, un sujet d'effroi pour ses concitoyens; car le fonctionnement de ses organes, quoique corrompus, et celui de sa hiérarchie, quoique pervertie, subsisteraient. Déchaînés au service du mal, ils agiraient avec plus de force et d'efficacité que le respect de la règle ne peut en assurer, en temps régulier et par des moyens réguliers, pour le maintien de l'ordre.

Firent-ils de l'ordre, le 18 fructidor, les soldats que conduisait Augereau, le futur duc? Firent-elles de l'ordre, les commissions militaires du Directoire qui condamnèrent à être fusillés plus de prêtres que la Terreur n'en avait fait guillotiner? Etait-ce de l'ordre, le meurtre que quelques officiers perpétrèrent à Vincennes? Etait-ce de l'ordre, enfin, que firent les bataillons qui envahirent la Chambre le 2 décembre? Non, c'était du désordre, ou des crimes, qui furent alors commis par des militaires qui étaient asservis à un pouvoir sans frein.

Mais avant qu'elle ne soit arrivée à ce point de décomposition, qui la rendrait prête à toutes les besognes, l'armée aurait cessé d'être l'armée nationale et d'être l'objet des préférences de la nation. Le pays se détacherait vite de ceux de ses enfants dont il était si fier ; il les négligerait; et bientôt, épouvanté, il arriverait à les craindre, à les mépriser et à les maudire.

Déjà les familles, attristées par la vue du rôle qu'on impose à leurs enfants, commencent à envisager la carrière militaire d'un œil inquiet.

Pour peu que l'on persiste dans la voie où l'on s'est engagé, elles en détourneront leurs enfants, tandis que ceux qui auront persisté à servir trouveront, à la longue, le poids de leurs chaînes trop lourd et les briseront.

Nous aurons alors, il est vrai, le corps d'officiers du modèle que préconisent les francs-maçons. Leur satisfaction coûtera cher.

De la sorte, à l'antimilitarisme par le bas, que nous avons déjà ; celui des mauvais et des coupables qui détestent et insultent l'armée, craignent les devoirs qu'elle impose et ignorent la Patrie, nous joindrons, si l'on n'y prend garde, l'antimilitarisme par le haut ; celui des bons qui aimaient et acclamaient l'armée, qui glorifiaient ses devoirs et donnaient leur vie à la Patrie, devenus des adversaires de l'armée.

Ceux à qui incombera alors le devoir de défendre le drapeau seront, selon le cœur de nos plus célèbres politiciens, des soldats modernes qui n'auront rien de l'ancienne armée.

Oh non ! Ils ne lui ressembleront pas ! Terribles en paix à l'égard des faibles, ils ne connaîtront que les campagnes productives qui peuvent s'accomplir dans l'intérieur, d'abord ici, puis là ensuite, selon que le besoin s'en fera sentir. Cela satisfera leurs appétits, seuls guides de leur activité, puisque toute autre pensée sera à tout jamais ignorée des bandes qui se garderont bien de se mobiliser, qui se refuseront à entourer jamais une loque infâme, encore moins à défendre une Patrie qu'ils auront pris l'habitude d'insulter, en attendant qu'ils la fassent disparaître, dans le néant de la République universelle.

Toutes les folies d'un pouvoir despotique et sans croyance aboutiront, s'il persiste dans le mal, à la ruine de ce que des siècles de travail, de dévouement, de sacrifices et de courage avaient créé.

Ces folies, les laissera-t-on s'accomplir?

Les supportera-t-on, toujours, jusqu'au bout, jusqu'à la fin ?

Ou bien l'autorité prendra-t-elle conscience de ses devoirs : les droits de l'obéissance seront-ils enfin reconnus et pratiqués ?

Mais j'entends l'innombrable descendance de l'apothicaire Homais qui grogne impatiemment. « Attention ! C'est le gouvernement des prêtres que vous proposez avec vos belles théories, le gouvernement des curés. Or la France s'en est délivrée. Elle n'entend pas revenir à ce qu'elle a brisé et rejeté. Elle ne consentira jamais, qu'on le sache bien, jamais, fût-ce au prix de flots de sang, à retomber dans une pareille abjection ! »

Que les descendants de M. Homais se rassu-
rent.

On ne leur propose pas de confier le gouvernement aux curés ; on n'y songe pas. On serait
heureux pourtant de leur rendre la possession
et le gouvernement de ce qui leur appartient ;
mais on ne songe pas à leur remettre le gouvernement du pays, quoique la France ne se soit pas
trouvée mal, en somme, de s'être confiée, jadis,
à certains princes de l'Eglise.

On n'y songe pas ; mais convaincu, comme le fut
Bonald, que l'union de la foi avec les institutions
démocratiques constitue un monstrueux alliage
auquel la nature des êtres s'oppose et d'où il ne
résulte que l'athéisme et l'anarchie, ce que je propose, c'est simplement la séparation du gouvernement de la France d'avec celui des Francs-maçons,
selon la parole d'un Prince français que je
souhaite à la descendance Homais de connaître un
jour.

En résumé : le commandement a une tendance
à ne pas respecter les attributions de ses inférieurs et à entrer dans des détails qui ne le regardent pas ; il comprime ainsi l'essort de qualités
qu'il devrait exciter ; il néglige, souvent, de donner
la doctrine qui seule permettrait aux initiatives
d'agir sans danger.

Les inférieurs, diminués par le commandement, perdent souvent le sentiment de leurs
devoirs.

Dépossédés de leurs qualités essentielles, les
chefs et les subordonnés oublient, souvent aussi,
le caractère de leur mission, à ce point que les
pouvoirs publics ont pu leur imposer l'exécution
d'œuvres qui n'auraient pas dû leur être confiées
et qu'ils n'auraient dû ni accepter, ni exécuter.

Si de pareilles pratiques contraires à la discipline, à la charte de l'armée et aux principes supérieurs de la loi morale subsistaient, ce serait la
condamnation de l'armée qu'une bande de mame-
luks remplacerait, au péril de la Patrie. Ce serait
la fin de la France.

Il me faut répondre, pour terminer, à une observation qu'on ne manquera pas de formuler. « Il en
parle bien à son aise, maintenant; mais qu'a-t-il
fait lui-même et qu'aurait-il fait ? »

Je reconnais que je suis actuellement délivré
des anxiétés qui m'ont tourmenté pendant plusieurs années ; elles ont fait place à une tristesse
profonde; car rien n'est plus douloureux que de
voir ce à quoi on avait consacré sa vie, divisé et
menacé de destruction ; les anciens camarades
frappés; d'autres, hésitant sur la voie à suivre
entre l'intérêt et l'honneur,

Rien n'est plus douloureux que de songer aux drames qui ont déchiré les consciences de ses camarades, aux sacrifices que le devoir a pu leur imposer.

Toutes ces douleurs je les ai ressenties cruelles !

Ce que j'ai fait ?

Au cours de ma carrière, j'ai renvoyé à un sous-préfet une réquisition qu'il m'avait remise, parce que je la trouvais irrégulière, et il n'en fut plus question ; j'en ai transmis une, relative à l'évacuation d'une école, parce que je savais qu'elle serait évacuée, dès l'apparition des militaires, au cri de vive l'armée.

Ce que j'aurais fait ?

Il serait ridicule de le dire ; les militaires ne parlent pas de semblables contingences. Mais le ministre qui m'enleva à mon commandement et au Comité de cavalerie, et me laissa trois ans sans commandement, sans mission et sans inspection, s'en doutait peut-être.

J'écris ces réflexions à Alger, sur cette terre d'Afrique qui nous est chère, car elle rappelle le plus beau geste peut-être de l'histoire glorieuse de notre pays que la France sut accomplir en dépit de la colère de l'Angleterre.

C'est ici que l'armée a mis fin aux hontes que l'Europe supportait à son grand déshonneur ;

qu'elle est venue doter des bienfaits de la civilisa-
tion une race brave et forte ; c'est ici que, sans
violer les temples ni insulter à la religion des
vaincus, elle a planté la croix libératrice.

Et cette œuvre, l'armée l'a poursuivie au prix
de mille fatigues, de mille privations et au prix de
son sang, quarante ans, sans défaillance.

Consentirait-elle à faire une œuvre contraire
dans son propre pays ?

Consentirait-elle à l'asservir au honteux escla-
vage maçonnique ?

Consentirait-elle à mettre en péril la mission de
la patrie ?

Oublierait-elle ses devoirs ; s'abaisserait-elle à
violer, au prix de son honneur, les temples et à
briser la croix que tant d'années la France en-
toura de son dévouement et de son respect, la
croix de saint Louis, la croix de Jeanne d'Arc ?

Non ; elle ne le fera pas.

Je ne puis croire, qu'à l'avenir, de tous ceux,
mieux avertis, qui seront invités à commander ou
à commettre des actes défendus, il s'en trouve un
seul qui ne réponde pas, comme les condamnés
de Saint-Servan et de Lille : Je ne peux pas.

Et alors, qu'arrivera-t-il ?

Alors les pouvoirs publics reconnaîtront leur
erreur ; ils s'amenderont et sortiront du gâchis où,
de leur propre aveu, leurs fautes les ont plongés.

Que si, comme M. le Président du Conseil, ils sont prisonniers de leur parti et des loges et impuissants à se libérer, la conclusion fort simple s'imposera. Car la France, qui supporte mal la tyrannie, ne veut pas périr, et rien n'est indissoluble de ce qu'un principe supérieur n'a pas lié.

# TABLE

# NOUVELLE LIBRAIRIE NATIONALE

*PARIS — 85, rue de Rennes — VI^e Arr.*

Commandant MUNIER. **La Nation, l'Armée et la Guerre.** Préface du général Mercier, ancien ministre de la Guerre. — Un volume in-18 jésus. . . . . . . **2** »

LIEUTENANT-COLONEL ROLLIN, ancien chef du service des renseignements. — **Le service des renseignements militaires en temps de paix et en temps de guerre.** Un volume in-18 jésus de 138 p , broché. **2** »

GÉNÉRAL CANONGE — **Jeanne d'Arc guerrière**, étude militaire, avec cinq cartes et plans. Un volume in 18 jésus, broché, de 132 pages . . . . . . . . . . **2** »

HENRI DUTRAIT-CROZON. — **Précis de l'Affaire Dreyfus.** Un vol in 16 de 850 pages, reliure peau souple. **6** »

COMTE DE CHAMBORD, COMTE DE PARIS, DUC D'ORLÉANS : **La Monarchie française.** *Lettres et documents politiques* (1844-1907), avec une préface du DUC D'ORLÉANS, ouvrage illustré de trois portraits.

    Un volume in-8° écu, broché. . . . . . . **3 50**

    —     —    cartonné . . . . . . **4 50**

CHARLES MAURRAS. — **L'Enquête sur la Monarchie.** *Avec un avant-propos et plusieurs appendices et des notes inédites.* Un volume in-8° de 600 pages environ, avec un dessin de Forain. . . . . . . . . . . . **7 50**

JACQUES BAINVILLE. — **Bismarck et la France,** *d'après les Mémoires du prince de Hohenlohe.* Les souvenirs de M. de Gontaut-Biron et sa mission à Berlin. Les idées napoléoniennes et l'unité allemande. Les alliances de 1870. Les difficultés de l'unité allemande. La jeunesse et les premières armes de Bismarck. Le centenaire d'Iéna. — Un vol. in-18 jésus, broché, de XVI-300 pages. . . . **3 50**

D. RICHARD COSSE. — **La France et la Prusse avant la guerre.** Tome premier : *La politique de Sadowa.* Tome deuxième : *La politique de Sedan.* — Deux volumes in-18 jésus, brochés, chaque volume. . . . . **3 50**

   *POUR PARAITRE PROCHAINEMENT :*

CHARLES MAURRAS. — **Kiel et Tanger.** *La politique étrangère de la troisième république.* — Un volume in-18 jésus . . . . . . . . . . . . . . **3 50**